集团化办学的常州经验（代序）

杨九俊

锦绣常州，钟灵毓秀，有“一城文化精粹，万众求知热土”的美誉，足见常州教育的底蕴和精彩。近些年来，常州在区域教育创新中，大力推进集团化办学，创造出值得称道的常州经验，有力地促进了常州基础教育的高位均衡。

一、政府科学主导

教育是社会公共事业，教育发展方向在很大程度上是由政府主导的，集团化办学首先是一种政府行为。常州市在推进集团化办学方面表现出很高的水准。

一是站位高。真正从人民利益出发，用集团化办学来破解人民群众不断增长的教育需求与优质教育资源供给不足的矛盾，为老百姓办好每一所家门口的学校；充分认识到教育现代化的基础性、先导性作用，从2007年起就启动集团化办学，努力以整体优质的教育生态为经济、社会的现代化创造条件；始终坚持以提高教育质量为主体战略，推进高位均衡，把集团化办学的功能主要定位在孵化、培育、壮大优质教育资源，而不是简单的削峰填谷。

二是视域宽。从设区市层面整体布局集团化办学是不多见的，何况2007年就全面启动呢！不仅如此，常州教育人还跨越地域，从全国一盘棋的角度担起一份责任，把对口支援兄弟省市的相关学校也在两相情愿的情感基础上吸收进来。他们具有发展眼光，已建、在建、将建的新校都在其视野之内，将大量新建校纳入既新且优的发展轨道。

三是看得准。谁是核心校？集团怎么组建？这是需要从空间教育学、空间社会学角度思考的问题。从集团运行的普遍情况看，常州的教育集团大体有一个融洽、向上的整体氛围，核心校能够引领，成员校融入渐深，可见市、区（市）级教育行政部门是经过深入调查、精心谋划的。

四是措施实。常州市对集团化办学有统筹考虑，从目标提出到具体实施，到过程指导，到评价考核，每一步都踩到实处。具体到某一方面工作，也都尽可能落到实处，让基层明白做什么、怎么做。比如，从优化办学机制角度，破解集团化办学的难点问题，市政府办公室专门发文，明确创新教师编制配备、加大经费投入力度、优化集团治理结构、完善绩效激励机制等方面的要求，并做出具体部署，有效地促进了问题解决和工作创新。

五是策略活。常州市集团化办学的基本原则是“因地制宜、分类指导、量质并举、以质为本”，教育行政部门给集团化的组建、运行很大发挥空间，其主要的集团化办学方式有一体化办学、联盟式办学、结对帮扶、委托管理、项目合作、城乡共建等，有的集团用一种方式，有的集团包含多种方式，每一个都是因地因校反复考量而确定的。在集团组建后，市教育局既有具体的工作部署，更鼓励学校充分发挥主观能动性，“寻找自己的句子”。在集团化运行一段时间后，对一些已经成熟的优质校，或“好聚好散”，放手单飞，或让这些新的优质校组建新的集团，都是基于广泛的民主协商。民主是科学的孪生兄弟，政府主导因而也就更有科学的意蕴。

二、学校创新实践

常州市基础教育阶段名校众多，这就使教育行政部门在集团化核心校的选择方面余地很大。这些核心校大都有深厚的文化积淀，有显著的办学业绩，也都有一定的自主发展、创新发展的能力。集团化办学进一步打开办学空间，使命感、责任感催生内在动力，教育行政部门的鼓励和老百姓的期待激发创造力，使得常州市推进集团化办学成为创新实践的过程。他们的创新实践，主要集中在以下六个方面。

江苏省教育科学“十三五”规划重点资助课题
“义务教育集团化办学区域模式研究”（B-a/2020/02/02）成果

集团化办学的研究与实践丛书

杭永宝 常仁飞 主编
戚宝华 王 俊 谢 峰 副主编

集团化办学的课程建设

杨娟玉 张祖润 刘妍慧 等著

江苏凤凰教育出版社
Phoenix Education Publishing, Ltd

丛书编委会

第一，文化为核，价值认同。集团化是学校组织的一种新形态，成熟的组织文化，都是以价值认同为灵魂的。常州市的核心校对此有高度自觉。这些学校都有学校文化沃土里生长出来的学校精神，比如局前街小学的“关怀”，常州市实验小学的“分享”，觅渡桥小学的“觅渡”，武进区实验小学的“上善”，等等。这些学校精神有着学校文化传统的印记，又都从某个维度、某个方面表达出教育本质，具有普遍性。常州市集团化办学的核心校首先在价值认同上做文章，在集团内树立核心价值观。其次在文化共融的过程中，自觉探索和而不同的表达。如武进区实验小学教育集团的核心文化是“上善”，他们的成员校有实小分校、李公朴校区、人民路校区、海南屯昌实小，每个成员校都围绕“上善”，形成各自契合学校特点的表达。金坛段玉裁中学是常州市第二十四中学教育集团的成员校，集团鼓励段玉裁中学弘扬段先生“在求是中求道”的治学精神，办出特色，办出水平。“在求是中求道”则又深化了二十四中教育集团对育人目标、育人途径的认识，丰富了学校精神。

第二，资源开发，共建共享。资源合理配置体现教育水平，在常州这样的经济发达地区，是比较容易做到的，关键在于资源的共建共享。“广义的共享，是指共同参与、共同分担的一种活动、组织、经济模式、制度或战略思想。”① 常州市实验小学的教育哲学是“人人都是吸纳的树，个个都是分享的源”，他们与成员校都努力成为“吸纳的树”和“分享的源”。其他教育集团也大致如此。其共建共享的内容一般包括物质资源、知识资源、社会资源。正如科尔曼所说：“社会资本是一种表现为相互关心、相互信赖关系的无形资本或公共物品。”② 常州集团化办学很多成员校的兴起，都是与集团核心校社会资源的共享紧密关联的。共建共享盘活了资源，创生了资源，凝聚了人心，扩大了效益，也往往能推动办学境界的进一步提升。

第三，组织架构，扁平贯通。为了适应集团化办学的要求，各教育

---

① 董成惠：《共享经济：理论与现实》，《广东财经大学学报》2016 年第 5 期。

② 詹姆斯·S. 科尔曼：《社会理论的基础》，转引自杨善华主编《当代西方社会学理论》，北京大学出版社，1999，第 110 页。

集团都创新了组织架构，体现“条块并举，纵横贯通，统分结合”的要求，推动扁平化管理，尽可能减少管理层级，消解人为边界，保证管理渠道的流畅通达。如常州市第二实验小学采用“纵向条线贯通，横向校区切块，分管校长年级蹲点，执行校长校区轮岗”的管理模式，并组织中层、基层岗位竞聘，形成高效运作的良好势态。

第四，制度创新，运行高效。古人言：“仁圣之本，在乎制度而已。”教育情怀、教育理念要落下来，主要靠的就是制度。制度的一般含义是大家共同遵循的办事规程或行动准则。好的制度往往还能生成优质高效的机制。教育集团比起单体学校，体量大得多，头绪多得多，这就使得制度建设、机制确立非常重要。常州的教育集团深谙其道，在这方面下足了功夫。以《觅渡教育集团管理手册》（2011 年修订稿）为例，其管理职责篇、岗位设置篇、奖励绩效篇、流程管理篇，对整个集团的工作进行了精心的制度设计。下面是其中的“学校质量控制体系流程图”，从中可以看到管理流程的规范，也自然让人对运行效率有很好的期待。

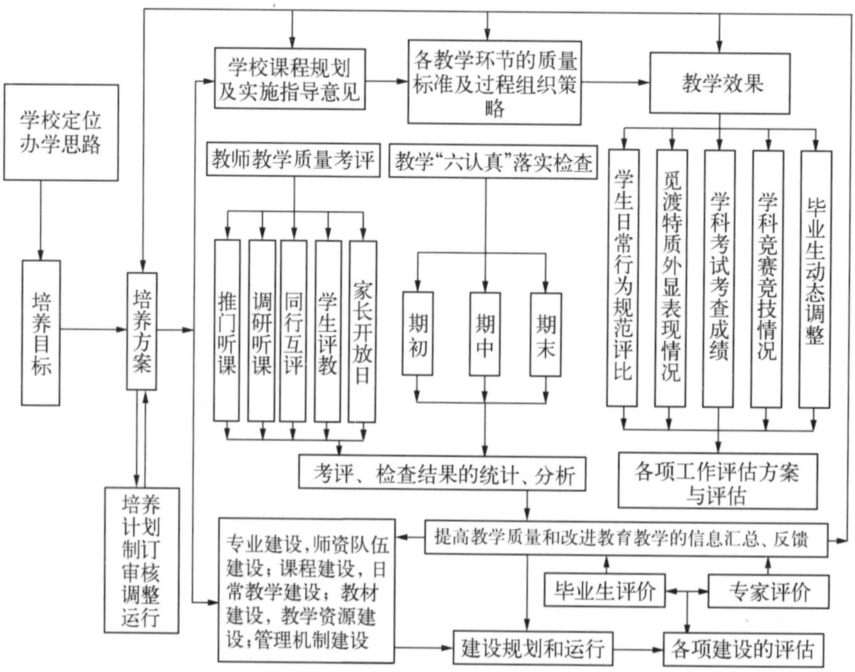

第五，深耕课程，练好内功。国家层面对课程有较好的顶层设计，能不能落地生根，关键在基层能不能很好地“接盘”。学校内涵发展的差距，很大程度上表现在课程能力建设的差距。我们把学校课程能力表述为“是以学校为主体，为实现学校培养目标，整合各种教育影响，通过教育的整体化设计所形成的课程与教学过程及其结果，是直接并积极影响学生成长的学校机构能力之一”①。在集团化办学过程中，常州市各教育集团普遍重视成员校的课程能力建设。如局前街小学的“儿童成长节律”课程，在华润小学实施时，则由华润小学自己拿出方案，开发资源，然后在集团内分享。现在华润小学已经“自立门户”，这与学校课程能力的形成是有紧密关系的。

第六，教师成长，量质并增。集团资源更加丰富，机会更加多样。比如，轮岗交流，成员校老师学到更多的东西，核心校老师也获得更多的发展机遇；项目参与，集团往往设置了一些集团发展和学校改革的项目，教师有更多参与甚至领衔的机会，这种经历无疑会促进教师向专业领袖的方向成长；课堂研磨，集团专业资源丰富，组织课堂教学研讨，往往比单体校机会多、质量高；名师带徒，普通老师、年轻老师与名师的距离更近，学习的机会更多；教师培训，因为集团化，往往主题更有针对性，方案更显周详，培训专家阵容更强大。总体看来，常州市集团化办学过程中，学校创新实践，都是直击集团化办学的基本问题，其基本经验都体现了集团化办学的一般规律。

三、研究团队专业跟进

常州市基础教育的改革与发展，向来高度重视专业引领，集团化办学也不例外。他们组织了多个研究团队，自始至终，都强调专业跟进，大大提升了集团化办学的专业品质。

一是教育决策以研究为基础。笔者研读过常州市关于集团化办学的

---

① 杨九俊、彭钢、万伟：《学校课程能力的实践创新与模型建构》，《教育研究》2017 年第 2 期。

所有文件，一个深刻的印象就是这些文件的出台都是以深入调查为前提，政策的提出都是有扎实的学理基础的。以《常州市义务教育集团化办学评价标准（试行）》来说，其所提出的价值意蕴、结构化体系、指标分解、权重确定，都是经得起推敲和品味的。

二是以研究促进问题解决和创新。集团化办学是个新的探索，总会碰到一些新的问题。常州市由市教科院领衔，开展“区域推进集团化办学的理论与实践研究”，在削峰与填谷、同质化与多样性、长效性与短期化、分与合等重大问题上，及时提出意见，使工作推进更符合教育规律。

三是设置重大项目，实现重点突破。常州市针对集团化办学的重点难点，启动课程建设、学生素养培育、教师专业发展、组织领导变革、机制创新、学校文化建设六个重大项目，每个项目由一所学校领衔，一批学校参与，行政和科研协调，并引进高校专家指导。这样，重点与一般兼顾，研究与工作同步，理论与实践互动，形成经验，再上升到政府决策层面，通过强力推动，取得全局的胜利。现在这些重大项目的研究都已形成专著即将付梓，相信会给同行带来许多有益的启迪。

迄今为止，常州市高中校加入教育集团比例接近100%，义务教育和学前教育集团化办学比例分别在90%和85%以上。关键是，他们的集团化办学真正促进了优质均衡。杭永宝局长在谈及集团化办学时很有信心，他说：“我们相信，未来会更加美好。”我当然对此坚信不疑，但我更想说的是：现在的时代就是黄金时代！正是这样的黄金时代，孕育着美好的未来。

（杨九俊，江苏省教育学会名誉会长，研究员，特级教师。苏教版普通高中语文教科书主编，统编版普通高中语文教科书分册主编。曾获国家和省基础教育教学成果奖，全国教育科学研究优秀成果奖）

目 录

第一章

教育集团课程建设的价值

近年来，我国基础教育改革已步入深水区，面对教育发展不均衡、不充分的现实，面对社会及家长对优质教育资源极度渴望的现状，2010年《国务院办公厅关于开展国家教育体制改革试点的通知》将职业教育集团化办学作为一项主要试点任务，之后逐渐在义务教育领域进行集团化办学的探索。在集团化办学的推进过程中，需要通过借助核心校输出学校品牌、学校文化、管理制度、优秀师资等资源，实现优质教育资源的优化配置。而集团化办学的课程建设是重中之重，各集团成员校应在集团课程规划设计下确立核心要义与具体建设任务，在区域形成课程建设共同体。通过集团化办学课程的共享实施，促进每所成员校实现传承与创新，促进集团课程资源的共享共建，从而提升基础教育集团化办学的效率，实现区域基础教育的高质量发展。

第一节　课程建设的历程与价值

西方课程的原始形态早在古希腊的柏拉图学园中就可找到，但直到1918年博比特出版《课程》一书，“课程”才作为专门的研究领域而存在。正如美国课程学者坦纳所言，课程有很长的过去，但却有很短的历史。[①] 因此，我们需要追溯课程建设的演变历程，并了解其价值内涵，以便于进一步理解教育集团课程建设的意义与价值。

---

① 陈华：《西方课程史的研究路径及内涵探析》，《全球教育展望》2012年第4期。

一、课程建设的演变历程

谈起课程的发展史，不同专家有自己不同的理解，我们需要关注课程自身的演变过程，站在更广阔的历史背景下获得关于课程建设的清晰图景。

1. 原始形态课程的出现

回顾社会发展的进程，随着生产力的发展和剩余产品的出现，在社会上逐渐出现了脑力劳动和体力劳动的分工，促进了科学、艺术的萌生和发展。教育的内容和进程也逐步从生产劳动和社会生活中分化出来，向专业化方向进一步发展，从而逐步形成了原始形态的课程。在原始社会，为了进一步满足社会生活和劳动生产的需要，往往会把社会、劳动、文化和军事等多方面内容作为教育内容的一部分。原始社会时，教育方法主要是游戏，儿童在游戏中模仿成人的生活和劳动。通过游戏，儿童掌握了一部分知识，进一步锻炼了适应社会的能力。随着社会发展和学生年龄增长，学习的内容也在不断地增多，劳动的技能逐渐成为教育的主要内容。此外，由于一些宗教活动或其他原因而产生的音乐、体育、舞蹈、竞技等也成为学习的内容。在原始社会后期，教育的内容已经从与生产劳动和社会生活的混合状态中逐步分化出来，并且随着学习内容的不断增多，经过不断地更新与衍变，逐渐形成了一些相对固定的知识和技能内容，成年人还会根据年龄顺序把这些知识和技能传授给年青一代，这就逐步形成了课程的原始形态。

2. 中国古代课程的发展

课程演进的历程和人类社会的发展几乎是同步的。历史科学一般把人类历史上的原始社会时期、奴隶社会时期和封建社会时期称为古代时期。大约在公元前2000多年，中国进入奴隶社会时期，建立了第一个奴隶制国家——夏，国家开始设立专门的教育机构，主要教授军事相关的内容。西周是中国奴隶制的鼎盛时期，相比夏和商，周朝的课程内容更加广泛，形成了以“六艺”（礼、乐、射、御、书、数）为主的课程。进入封建社会后，由孔子开创的儒家学说课程逐渐成为官方教育的主要内容。汉武帝时期，“五经”成为官方统一的课程。自汉后一千年左右的时间内，虽然朝代更替，并不时受到佛家和道家思想的冲击，但儒家经典作为官方课程的地位没有改变。南宋时期，由理学的集大成者朱熹编订的“四书”成为明确的考试内容。明清之际，实学思潮涌现，但课程内容上仍以“四书五经”为主。可见，在中国古代时期，儒家经典是教育的主要内容，官方课程大多围绕这些经典著作设计。

3. 近代课程的发展与现代课程体系的建立

近代工业革命后，由于生产力水平的发展、科学技术的进步，以及资本主义自由竞争和对外扩张的需要，西方国家初步建立了纵向分科化的中小学学科课程体系。到 17、18 世纪，英、德等国大都开设了物理学、化学、动物学、植物学等课程。19 世纪末，西欧和美国的少数教育学家针对学科课程的弊端，在小学开展了以儿童为中心的课程改革，增设了手工、游戏等活动课程。美国教育家约翰·杜威吸取前人课程改革的经验，创办了芝加哥大学附属实验学校，进行了经验课程的实验。这种课程能引导儿童从一系列活动作业中获得经验，既能满足儿童的心理需要，也能满足社会的需要。

随着时间变迁，课程建设史上出现了核心课程，它是以问题或某门学科为核心，将几门学科组合起来的课程，最初出现在 20 世纪的美国。实质上，核心课程是活动课程的发展。核心课程的编制和实施主要是以问题为核心，把必修课和选修课结合起来，由教师或教学小组在活动中进行教学。核心课程注重社会需要，课程内容以社会生活问题为核心。

经历了古代和近代课程理论和实践的演变和发展，进入 20 世纪以后，现代课程体系首先在西方国家得以确立。具体表现为：1. 现代课程目标进一步明确。现代课程目标体系包括了三个不同层面：广义的课程目标、狭义的课程目标和描述意义的课程目标。其中广义的课程目标指的是教育意图，是一个比较大的视角。狭义的课程目标主要指教育目标，是一个具体化的视角。它定位于教育内部要素与学生的关系，可以具体划分为教育目的、培养目标、教学目的和教学目标。描述意义的课程目标也就是课程计划和课程标准。2. 现代课程结构进一步完善。完善现代课程结构是整个课程演变过程中最有价值的地方，是在课程计划厘定、课程标准建构和教科书载体的基础上进行的。3. 现代课程内容进一步丰富。现代课程内容是将直接经验和间接经验有机糅合在一起，教育者要有目的地从人类的经验体系中进行筛选，按照一定的逻辑顺序编排，并指向课程目标的知识经验体系。其中直接经验是与学生现实生活以及需要直接关联的社会知识、自然知识和相应技能的总和，包括社会生活经验，学生处理与自然事物关系的知识、经验和技能技巧等。

中华人民共和国成立以来，我国中小学的课程建设得到充分的发展，关注课程建构的意识和课程实施的水平都逐渐得到提升。大体可以分为如下三个阶段：

第一，严格执行国家课程阶段。从建国后到 2001 年基础教育课程改革这段时期，我国主要由国家教育行政部门统一制定和设置中小学课程计划，统一编写教学大纲，统一组织教材编写出版，各地方、各学校严格按照统一的课程计划和教学大纲进行教学。在这一阶段，大多数学校一般不会关心课程建设问题，也不具有自主开发课程的权限，在教育体系中，仅仅负责执行课程计划。

第二，局部建设校本课程阶段。2001 年开始，我国进行了基础教育课程改革，初步确立形成了国家、地方和学校三级课程管理体制。① 特别在课程计划中预留一定的课时让学校自主安排课程。中小学就成了课程管理的基层组织，同时也初步获得了课程开发的权利。从这个意义上说，此次课程改革极大地激发了中小学课程建设的热情，许多中小学纷纷投身于校本课程建设，形成了许多校本课程，成为课程建设的一大亮点。因此，校本课程开发是我国基础教育改革过程中一次全面、创新的建设启蒙，它让中小学从此主动加入了课程建设者的队伍，为后面体系化课程建设奠定基础。

第三，中小学学校课程建设阶段。校本课程开发在一定程度上弥补

① 余进利：《我国基础教育三级课程管理体制实施述评》，《当代教育科学》2004 年第 4 期。

了原有国家课程的单一与局限。但与此同时也出现了一些新的问题。比如，校本课程往往是学校依据本校某一办学亮点和资源进行建设，容易孤立于国家课程或地方课程之外，这也是把校本课程作为课程建设改革主体的认识性局限所在。因此，为了解决部分学校只关注校本课程建设而忽视了整体构建国家课程、地方课程、校本课程体系的问题，教育界进行了各种各样的探索。比如有的学者明确提出了“本校课程”概念，认为可以将自主开发的课程、国家和地方课程进行校本转化，学校可以在更高层次上追求学校课程的整体规划，最终生成本校课程。

从本质上讲，这意味着当下我国中小学课程建设一个崭新的阶段已经到来，这就是学校课程建设阶段。学校课程建设的基本特点是：学校作为专门教育机构，基于自身教育理念与教育目标，整体规划学校的课程体系，并积极建设学校的每门课程。在基础教育内涵发展的多样探索中，学校课程建设正在成为新动向、新亮点。

二、当下学校课程建设的价值内涵

学校课程建设作为中小学课程建设的新动向、新阶段，日益显现出整体育人、融通共享、协同创生等价值取向，其目标指向每一位学生的发展和健全的个性、完整的人格的培养。学校课程建设就是用具有生活意义的课程内容，聚集学校资源，基于课程化视角推进学校发展。具体表现如下：

1. 学校课程建设承担整体育人的功能

校本课程建设的初期，往往立足于学校已有的一些资源，并不关心课程之间的关系。当校本课程日趋丰富时，如何厘定各门校本课程之间的关系，就成为各中小学课程建设中普遍关注的问题。在实践中，最关键的问题就是如何把学校的各种学科课程、校本课程整体架构成一个合理的课程体系，这也是学校课程建设的重点。能关注课程建设，说明许多学校已充分意识到每门课程并不是单独的存在，而是作为学校课程体系中的一分子在发挥自己独特的作用。

从校本课程建设到学校课程建设，充分体现了课程建设从局部用力到整体建设的质变过程，反映出学校课程建设可以发挥整体育人的功能。

基于新时代教育发展的要求来建设学校课程，是中小学办学水平提升的重要表现，也是未来学校课程建设的发展方向。学校课程建设需要把课程放在发展人、培养人的整体格局中来思考，立足于整体性建设课程体系的要求来定位，指向每一位学生的成长，指向每一位教师的发展。许多学校把课程建设作为学校教育质量提升、特色发展的战略基点，努力通过学校课程建设来让学校的办学理念和育人目标落地，让课程建设成为推动学校特色发展的一道风景。

如常州市实验小学领衔的江苏省首届基础教育前瞻性教学改革实验项目“‘林—树’式学校课程的建构与实施”（以下简称“‘林—树’式课程”）设计缘起对学校课程的整体思考，学校从自身的“分享教育”理念出发，结合新时代建设需要，整体构建了促进学生成长的课程体系，做到顶层规划设计，整体推进实施，强化过程监控，力争反馈成效等，弥补以往课程建设简单、随意的不足，使课程建设系统统筹、序列架构，整体提高育人效能。人、责、权有机整合、充分利用，时、空、物有机组合，充分彰显了整体化学校课程建设思路，有效地促进课程走向系统化、层次化与多功能化，整体提升课程的教育效益。

2. 学校课程建设发挥融通共享的效能

最初的校本课程，往往对课程功能的认识比较单一，常常在原有基础上增添课程，即有什么资源背景或功能需求就增开相应课程，于是各类课程层出不穷，这种形式较粗放和单一。经过一段时间之后，各学校开始意识到学校课程不能无休止地增加，需要不断统整。而当下人民群众对优质教育的强烈需求，也对学校课程建设提出更高的要求。

学校课程建设需要由粗放到精细，把抽象、统一的课程标准变成可教学、可测量的学科目标达成体系，从注重课程数量的积累转向关注课程建设品质的提升，充分发挥融通共享的效能，实现课程标准与常态教学目标之间的融通。这是我国基础教育课程改革的重要显现，也是未来教育发展的方向。要使课程建设进一步结构化、融通性、共享式地发展，让真正优质的教育形成，就需要提高课程质量意识，科学实施课程，制订课程质量标准，展现多元评价方式，将资源开发、实施评价等各方面进行精细化设计，逐步明确基本的质量要求。

以常州市实验小学的“林—树”式课程为例。学校基于整体思考，注重精细化实施，在课程整体设计与实施过程中，高位确立课程整体结构与内容，做到学科课程化、课程系统化。学校将课程整体架构为基础性课程和拓展性课程两类。其中，基础性课程注重促进学生基本素养的形成与发展，充分体现国家课程中对学生素养的基本要求，由各学科课程组成，是全体学生必修的课程，在基础性课程中也要做到基础加拓展，充分体现学科课程内的整合与延展；拓展性课程以学校“分享教育”文化为背景，以培育学生的分享意识为核心，以完善学生的认知结构为导向，以提高学生自我规划、选择能力为目标，着眼于培养兴趣、激发潜能、发展爱好，促进学生的个性发展。在统整课程的精细化实施过程中充分体现对课程的理解，引导学生经历多样化学习体验，感受多元学习方式，经历发现和提出问题、分析和解决问题的过程，培养学生的自主创新精神、合作学习意识和研究实践能力。

3. 学校课程建设彰显协同创生的职能

德国理论物理学家赫尔曼·哈肯在1973年首次提出“协同”的概念，认为在开放系统中大量子系统可以相互作用，从无序变得有序，从而呈现单个子系统本身所无法呈现之整体合力。① 学校课程建设亦是如此，要建设高水平的学校课程不能闭门造车，唯有集思广益，分工合作，才能不断提高课程建设的水平和质量。

以常州市实验小学“林—树”式课程建设为例，学校不断向市内外进行区域辐射，通过购买课程服务的办法，增加课程建设的资源空间，如学校联系常州市青少年活动中心为学校提供课程内容并

① 赫尔曼·哈肯：《协同学：大自然构成的奥秘》，凌复华译，上海译文出版社，2005，第190—192页。

负责具体实施。还依托各类社会实践基地等校外课程资源，研发和实施各种课程，开发一些特色课程，由家长负责施教或给予技术支持等，如“佳农生态园”实践基地。这些精彩多样的实践探索，目的就是以开放的姿态、共享的精神来共同建设学校的课程。在常州市实验小学的“林—树”式课程建设过程中，每位教师都是学校课程的开发者、实施者和研究者。学校把课程的开发与实施作为教师专业化课程教学的重要内容，让开放的课程开发、实施理念内化在每位教师的心田，激起每位教师主动进行课程建设的主体意识，及时补充和完善学科教学内容，科学设置课程、进行课时规划，进一步通过课程的开发、实践、研究提高教育教学的效益。

从本质上看，学校教育的载体就是课程，衡量学校课程的优劣就要评价学校课程建设的意识、规划、路径、策略等。学校必须站在顶层设计的角度来思考课程建设，构建适合每一个学生发展的课程，从而打造适合每一个学生发展的教育。学校教育的变革必须以学校课程的变革为突破口，借助课程变革之力，促进学校育人质量的提升。我国基础教育课程改革逐步走向深入，不仅要顺应世界教育改革的一般规律，而且也要尽可能地适应我国的国情。在这一阶段，随着国内课程改革的不断深化，人们对课程在教育发展中的地位和意义有了更加清楚、深刻的认识。课程研究者不断更新对课程的理解，注重以学为本，创造性地改革现有的课程结构与课程内容，加大课程研究投入，全面启动对课程理论的研究。与此同时，课程实践也得到了很大的发展，课程形态逐步完善，课程不断走向统整，满足社会、家庭和学生的不同需求。

第二节　教育集团课程建设的前提和意义

如何让集团化办学不流于肤浅的合作，真正引领区域教育均衡、优质、健康地发展？集团核心校在优质师资不断输出的现实背景下如何保持“母体校”的造血功能？集团课程的建设是重中之重。集团化办学背景下，成员校是否能形成统一的办学思想和办学理念并创生出各具特色的学校课程，是集团化办学是否成功的重要标志。

一、集团化办学是教育集团课程建设的前提

从严格意义上说，教育集团并不是二十一世纪出现的新事物。早在二十世纪六七十年代，在私立教育比较发达的国家和地区，网络化、连锁式的大型教育组织机构就已蓬勃而起了。相关资料显示，印度的DPS私立学校连锁网络创建于1949年；巴西的大型私立学校连锁机构Objectivo/UNIP成立于二十世纪六十年代中期；Pitagoras学校集团诞生于1966年；津巴布韦的NCA建立于1965年；美国的阿波罗教育集团创始于1973年；巴基斯坦的私立教育网络Beaconhouse学校系统创建于1975年。[①] 这一时期的教育集团数量不多，且多为私立学校连锁网络，也局限于一个国家和教育系统内部。

之后，教育集团的迅速发展有两方面的原因。一方面，人们历经多年的实践和反复探索，最终承认教育作为社会生产发展到一定阶段的文化现象，具有与经济组织相区别的特殊性，但也具有产业性的一面。近十年来，国外教育市场化浪潮和教育产业化运行迅猛发展，教育在许多经济发达国家被视作未来一段时间内最热门的产业和最具有开发潜力的市场之一，不少企业间接或直接介入教育领域。另一方面，商品生产的不断进步，市场竞争的日趋激烈，社会化大生产要求的持续提高，促使社会生产各企业的组织形态及企业之间的结合关系不断调整，最终出现了企业集团这一组织形式。因此，当教育的产业属性得到肯定，教育被作为一个产业来发展的时候，在遵循教育规律的前提下，可以借鉴产业组织的观念、思想和经济建设的成果，组建教育集团，将产业发展规律和企业运作规律的内容适当融入教育产业，是提高教育产业的组织化程

① 周锐：《我国高职教育集团内部管理问题研究》，硕士学位论文，四川师范大学经济与管理学院，2009，第3页。

度、提高教育资源配置效率的重要措施，是能够促进教育事业快速健康发展的。

一般认为将集团化办学引入基础教育领域，可以实现教育资源的共享，提升薄弱学校的教育质量，使集团内的招生范围相对稳定，从而在一定程度上缓解择校情况。因此，集团化办学成为各地探索推进义务教育优质均衡发展的途径之一。公办中小学集团化办学旨在促进优质学校教育资源的辐射，从而提高薄弱学校的竞争优势，提升区域内学校的整体办学水平。

从教育集团的办学实践和经验看，教育集团核心教育资源主要指集团学校共享的教育资源，如品牌资源、教师资源和课程资源等。教育集团核心教育资源的共生共享程度深受其他关键要素的影响。而就其共享效能来看，集团课程资源能够比较充分地发挥集团化办学的价值。

集团课程是基于集团各成员校的办学基本理念，结合各成员校课程自身特点综合归纳而形成的，或以核心校课程为主体、成员校课程为补充，或以各成员课程的优势汇聚而成。集团课程建设是指在不同学校主体相互合作的文化基础上，以学校课程建设为主题形成课程建设团队，再通过团队内成员之间的合理分工与相互配合，共同开发和建设集团课程的活动过程。在实际推进过程中，可以进一步在集团化办学建设中让优质校的优质资源充分释放，促使优质校与薄弱校协同合作。如可以从共同愿景入手，明确集团合作发展的思路，指明前进方向；也可以从资源入手，打破原有的办学路径，教师多元化交流的同时注重“蓄水池”的补充作用；也可以从制度创新入手，完善学校治理结构，健全学校自主管理制度和多元参与的评估制度；还可以从集团文化入手，“取其精华，去其糟粕”，在保持集团理念和价值观一致的同时注重各成员校特色课程的发展，体现集团文化层次的多样化，从而激发出集团发展的驱动力并进入良性循环的有序状态。

二、教育集团课程建设的意义

教育集团课程是根据核心校与成员校的角色定位进行系统分工，由相互独立的不同课程组合而成的集团整体课程体系。通过不同学校的教师相互合作共同开发教育集团课程，可以实现不同学校、不同课程内容之间的互通融合。具体来看，教育集团课程建设具有如下意义：

1. 彰显优质课程示范作用

一般来讲，集团化办学主要是把一所较好的优质学校和一些普通学校或薄弱学校联合在一起，组成学校发展共同体。教育集团课程建设也通常以核心校的优质课程作为基础，从课程结构、课程管理、课程实施和课程评价等方面进行统筹规划及管理，进而促进教育师资、教学设备及管理制度等优质教育资源的共享，充分发挥其示范辐射效能。在集团化办学背景下，核心校将充分展示其优质的学校课程建设，打通学校与学校之间的壁垒，全学科、全人员、全领域进行示范辐射，最终实现文化共育、理念共享、资源共建，促进区域学校课程建设走向优质、均衡、共同发展。

2. 促进成员学校协同生长

不难发现，在教育集团课程建设过程中，许多核心校容易为了充分发挥自身优质资源的引领、辐射、带动作用，把其办学理念、育人模式、课程架构等简单复制到各个分校。从短期效应看，有一定的积极作用，但从长远角度看，单一的教育集团课程架构并不科学，这就需要充分认识到核心校与成员校间的基本理念和要求的差异，追求和而不同、特色发展的良好局面。因此，教育集团课程的真正价值在于立足科学规划，构建长远发展的组织体系，基于共同愿景，确立育人目标，完善规划设计，实现协同生长。首先，教育集团课程建设可以整体建立教育集团涵盖的发展理念、发展目标、特色定位、发展规划等内容，用发展愿景来引领集团课程建设，合理构建集团特色，打造教育集团核心价值引领体系，从而带动成员学校协同发展。其次，教育集团课程建设可以促进成员校管理效能的协同生长。教育集团成员之间、层级之间的管理权限可以协同推进，用有效的集团运营管理制度来规范集团课程的实施过程，从而增强集团内成员间、层级间的协同合作，让教育集团课程发挥更大效能，发挥各自学校特色，实现互惠互助，共同发展。

3. 实现课程资源共享融通

教育集团的建立本质上是为了实现优质资源的倍增，从而解决优质教育资源分配不均及其引发的利益冲突等问题。从之前的教育集团课程资源建设与管理经历中，可以发现各学校都非常重视优质教育资源的共享。有的教育集团做到统一调度，分校使用；有的教育集团全盘考虑教育资源配置，构建规范高效的资源流动体系，各校区在权限内享有申请资源分配和使用的权利。集团化办学过程中，资源分配是影响集团治理成效的核心变量之一，因此实现课程资源的共享融通是教育集团课程建设的重要价值之一。教育集团课程一方面调动了核心校的共享意愿和共享积极性，发挥核心校优质资源的示范作用，另一方面也满足了潜力学校、薄弱学校的需求。

在教育集团课程建设的过程中，任何一个学校的发展变化都可能影响到整个集团的发展变化，因此首先要做到集团内部共建共享课程，不断优化整合教育资源，集团建立统一质量监管体系，统一组织考核。其次，要加强不同学校的分类指导，确保优质资源的可持续发展，才能增强集团成员的归属感、向心力和凝聚力。同时，还要赋予各学校在特色办学、特色课程开发等方面的自主权，展现办学个性，体现特色发展。在彼此的互动中，各成员校会相互适应和协调，交流有价值的信息和经验，汲取对方的优点和长处，带动自身不断成长，进而促进整个集团的成长。

4. 促进区域教育均衡发展

比明确集团化办学优质共生的发展目标更重要的是，谋划与之相匹配的发展路径，包括治理结构、运行方式、创新发展模式等。① 不同的教育集团都要基于自身特点进行自身课程、制度体系发展路径的探索。如果教育集团内各校办学水平比较均衡，那就要确保课程资源的互通与整合，推进多校协同发展；如果教育集团核心校是优质学校，那就要用核心校的优质课程带动成员学校跟上步伐，实现优质均衡发展；如果教

① 杨晓梦：《优质共生：集团化办学再出发的价值追问与路径选择——来自“第二届全国中小学管理理论与实践融合研讨会”的声音》，《中小学管理》2019 年第 5 期。

育集团属于合作关系，则需要特别关注核心校的课程管理与示范辐射能力，整体梳理集团课程体系，形成统一的课程架构，实现对各成员校的课程引领。因此，教育集团课程建设旨在实现集团内部优质资源共享，让每所成员校都得到发展，以达到取长补短、共同进步的目的。

教育集团课程应该成为教育集团育人的载体和集团文化的载体。集团内各校应对教育价值产生认同感，形成共同的精神追求，在育人模式与课程实施上相互借鉴、合作共建，这样一方面会激发课程共建共享的需求，另一方面也会促进集团整体教育品牌的形成。在此基础上，应当形成教育集团课程开发共同体，整体开发教育集团跨校的课程体系，建设教育集团课程配送机制，形成以核心校为主体的课程开发援助机制，切实提升成员校的课程建设能力。优秀的教育集团课程建设应该至少符合以下具体要求：一要建设形成具有鲜明特色的教育集团课程，定期召开集团化办学课程建设推进会；二要依据共创、共建、共享的原则推进学校课程建设，核心校发挥示范引领辐射作用；三要定期开展聚焦课堂教学质量的主题教研活动，融合运用传统与现代技术手段，注重启发式、互动式、探究式教学，开展研究型、项目化、合作式学习；四要校校有教学改革项目，人人参与教学研究，形成一批可复制、可借鉴和可推广的教学成果，课堂教学满意度高；五要修订完善学生学业发展质量评价标准，强化过程性和发展性评价，定期发布质量监测报告，保障学业发展水平普遍提高。

均衡发展是现代教育领域中的全新理念，受地域、资源、生源、师资等各种因素的影响，区域学校的发展可能呈现不平衡、不充分的趋势，不能满足教育公平，难以满足广大群众高质量的教育诉求，在这种情况下，我们需要基于集团化办学的初衷，统筹管理教育资源，推进集团课程建设，实现优势互补，促进资源共享，最终实现共同发展。

第二章

集团化办学的课程规划与设计

集团课程是教育集团实现育人目标、办学理念的关键载体，是整个育人模式构建中极其重要的环节。教育集团的稳步发展需要依托规划愿景的引领和保障，同样，集团课程的规范建设也需要科学制定未来发展的规划愿景。首先，集团化办学的课程规划要将集团的教育哲学、发展愿景、办学思想等有机融入其中，确保学校文化的和谐融通；其次，课程规划的制定要在充分调研、访谈、论证的基础上进行顶层设计和整体架构，同时结合各成员校课程建设实际情况，有效整合集团内各类课程资源，这样的课程规划才更具备可行性；再次，课程规划要围绕课程育人目标进行整体设计，从课程设置、课程实施、课程评价等方面展开系统、深入研究，确保集团课程建设的规范、科学、有效，为集团学生的成长提供重要的课程保障。

第一节　集团化办学的课程规划

在集团化办学的过程中，核心校与成员校实现管理、师资、课程等优质教育资源的共享，各成员校之间相对独立，追求各自的办学特色，实现互惠互助，共同成长。课程建设作为学校教育这个系统中的“软件”，是最繁难、最重要、最关键之处。集团化办学的学校课程建设旨在以集团核心校为主体，将先行研究中研发的课程作为范例，助推集团各成员校形成具有自己学校特色的课程体系，最终实现教育均衡发展。集团领衔校或者核心校一般来说具有优质教育资源，这些资源是经过长期的文化积淀而逐渐形成的。如何让这些资源发挥最大效应？集团化办学的学校课程建设无疑是非常重要的路径。但现实情况是，每一所成员校都有各自的课程文化和体系，有的甚至在多年的实践中已经形成学校课程的亮点和特色。在这种情况下，如何来推进集团化办学背景下的课程建设？这就需要顶层设计，进行上位的统领，制定科学的、合理的、有前瞻性的集团课程规划。

一、集团化办学课程规划的基本原则

推进集团化办学有助于在现阶段快速提升部分薄弱学校的办学水平，满足老百姓希望子女“上好学”的需求；对于教育集团本身而言，还能够进一步促进各成员校之间的优势互补，进一步拓展教师和管理者的成长空间，从而有效提升区域学校整体办学水平。集团化办学背景下的学校课程建设的顺利推进，需要确立科学可行的规划，当然，也有其基本原则。

（一）文化共育

首先，要形成集团核心价值观，要在集团规划体系的指导下，推动各成员校基于集团核心文化整体架构学校课程，在集团核心价值观、核心文化的引领下制定集团课程规划愿景，着力培育独特的集团课程文化。

（二）协同管理

各教育集团要本着协同发展的理念，在集团课程建设的过程中协同决策、协同管理、协同评价，确保集团课程的有序推进和课程实施质量的有效提升。

（三）因校制宜

集团化办学必须因校制宜，尊重差异，探索适合自身特点与发展需要的办学道路。同样，课程建设的愿景和规划要有实际针对性，每一个教育集团要根据各自的办学实际和办学特色，采用灵活多元的方式，有选择地制定相应的发展规划，以满足集团内各成员校不同的发展需求。

（四）优势互补

集团化办学背景下的学校课程建设，不是核心校单一地输出和引领，而是应该融合集团每一所学校的力量，集各校之优势，相互借鉴，实现最终的共生共长。

因此，集团课程规划的制定要立足集团文化和各校特点，努力吸纳、集聚、盘活各成员校的教育资源，在集团内部形成资源共享、管理一体、研训统一的开放格局，协同开展集团课程规划的设计和制定。

二、集团化办学课程规划的核心要义

在集团化办学背景下，学校课程规划与愿景的确立必须要以“课程文化”为核心要义，在尊重集团内各成员校办学实际和课程传统的前提下，通过自上而下的设计与自下而上的实践相结合，形成发展共识，提炼核心价值，共谋课程发展愿景，让全体成员校在课程文化、核心价值观上“融”到一处，不断丰富教育集团的课程文化内涵，促进集团校课程品质提升，真正发挥课程育人的价值。

（一）文化引领，确立发展理念

一些学校之所以能够成为老百姓心目中的好学校，主要由于深厚的文化底蕴、多年的办学实践让其形成了严谨的治学态度、浓郁的人文气息、有前瞻性的教育理念、创新的管理举措，可以说是凝聚了一代代教育人的重要精神力量。先进文化的引领在集团化办学课程建设的过程中具有非常重要的作用，因此要充分发挥教育集团的品牌影响力和文化辐射力，以先进文化引领集团学校发展，培育适应新型集团化办学发展模式的文化体系，保障各成员校在文化理念上的统一，形成共同的集团课程发展理念。

例如，常州市实验小学教育集团在“分享文化”理念的指引下，积极践行“人人都是吸纳的树，个个成为分享的源”的分享教育哲学。每一所成员校以“立德树人”为共同的目标，以“优质教育长出来”为共同追求，求同存异，在集团“分享文化”的背景下，积聚核心校和成员校的办学理念，形成了这样的集团课程发展理念：以“分享理念”为引领，基于“人建课程、课程树人”核心观点，形成属于实小教育集团的学校课程体系，切实进行教学方式、学习方式、评价方式的变革，给每一个人一段分享的经历，丰富师生的课程生活，让每一个人都蓬勃生长，促进师生的多元发展。在集团课程理念的引领下，在成员校的相互作用和影响下，每一所学校文化内涵深入发展，课程建设亮点频现，常州市实验小学平冈校区、钟楼实验小学、新闸中心小学、邹区实验小学都办出了特色、办出了品牌、办出了声誉。

由此可见，在集团核心文化的引领下形成的集团课程发展理念指向更加清晰，目标更加明确，能够让每一所成员校、每一个集团人凝聚共同的课程价值追求，拥有共同的课程建设信念目标，形成共同的思维方式和课程实施话语系统，最终促进学校、师生的高品质发展。

（二）理念认同，制定发展规划

集团化办学不是简单的校际组合，也不是简单的行政指令，只有集团内所有人对学校课程核心理念有正确的理解和认知，并积极参与课程规划的制定和论证，才能让集团课程规划真正落到实处，取得良好实施效果。所以规划的制定一定是一个逐步形成、不断完善的过程。

1. 调研，形成研究基础

集团课程规划的制定一定是基于客观现状的，只有基于现实的规划才不会成为“空中楼阁”，才会“接地气”，才有实现的可能。当然，需要调研的内容有很多，如每所学校的办学历史、成员校已有课程特色、成员校教育资源现状等。

例如，钟楼区花园教育集团在制定规划前，就对各校生态布局、发展优势和课程建设基础、课程实施挑战等方面进行了基础分析，最终形成了“关怀生命、生长实践”的课程价值，并找到了“体育”这个共同的、也是最核心的基因。联盟内四所成员校均是市、区级深化学校体育改革实验学校，四所成员校均引入足球课程，并组建足球校队，参加市级联赛，于是联盟以“体育课程改革”作为集团课程的核心，借助“联盟冬季运动会”“TBH 体育嘉年华”等课程平台有效促进了联盟体育的整体联动。这是花园教育集团在对每一所成员校进行充分调研的基础上形成的课程规划，反映了集团现实情况，因此是可行的，在推进的过程中也取得了显著的成效。

2. 研讨，达成研究共识

理念先行、转变观念是集团化办学背景下学校课程建设的关键，集团课程规划的落地需要集团每一个人的共同参与，因此，制定发展规划时需要集团内绝大多数人达成研究共识。在集团规划制定前和制定后都需要组织不同层面的座谈研讨，比如召开教职工座谈会、家长座谈会、学生座谈会等听取诉求，分析面临的问题和具有的优势，最终形成科学、合理的集团课程规划。除此之外还要组织教师进行学习培训、主题研讨，真正弄懂集团课程规划的要义，只有内化于心，才能外化于行。只有当每个人都能站在集团的角度去思考，才能在共建同行中相互汲取生长的养分，逐步清晰课程建设的目标要求、行动策略，让每一位教师自觉、主动地投身于集团课程建设的各项工作中去。

3. 论证，保障研究成效

集团课程规划需要邀请一些对集团比较熟悉或者一直参与集团发展的专家进行论证。可以在集团课程规划形成后，邀请专家到校，向专家介绍整个集团发展的目标、思路、愿景，同时具体介绍集团课程规划制定的情况，包括这份集团课程规划是如何形成的，集团的总体思考是什么，集团课程建设的优势和劣势，集团课程的定位、目标、实施策略、评价方式等。专家从学术研究的高度综合集团课程发展的实际情况等各方因素进行科学论证，在此基础上不断修改，最后形成一份相对完善的集团课程规划。经过这样严密论证的集团课程规划一定会取得良好的实施效果。

（三）建章立制，建立发展机制

为了保证集团课程建设的系统化、规范化，需要确立课程建设管理机制，建立教育集团的章程，促使各校形成资源共享、优势互补、合作共赢、互利共进的教育发展共同体；关注统一引领和自主发展相结合，提升成员校教育质量和办学品质，明确集团工作的重点。

1. 形成课程建设规章制度

完善与创新保障集团化办学运行的各项管理制度，比如集团课程建设的项目负责制、课程实施考核评价等制度，可以增加可操作的职责性、程序性、规范性制度，充分调动成员学校和广大教师参与集团课程建设的积极性、能动性。

> 如钟楼区觅渡教育集团就是通过建立健全课程制度来保证集团课程的有效实施的：根据《集团课程研发制度》确定集团课程管理研发中心负责课程的管理、开发与实施；根据《集团课程评价制度》组织相关课程专家对课程目标、内容、实施过程及评价进行优化与调整，不断完善，最大限度发挥课程的育人价值。集团通过各项制度的建立与执行，以及规范化、标准化的管理，既增强了集团内每一个人的认同感与归属感，保障了集团整体质量提升，又创新了管理机制，提高了队伍素质，优化了课程体系。

2. 成立课程组织管理机构

首先要成立教育集团理事会，架构相应的管理网络，加强统筹协调与管理，实行共同商讨、共同发展机制，实现共赢、共生、共长。其次，要组建各类专业学术组织。集团课程规划实施的关键是从文本理念的理解到具体的落实，这个过程是漫长的，也是艰难的，需要举集团全体教师之力才能做到，而事实上我们的教师专业素养也是参差不齐的，这就需要集团成立相应的组织和团队，让每一个教师参与集团课程的建设。

> 比如，常州市实验小学教育集团根据课程实施需要成立了学术专业委员会，聘请本集团在某个领域有一定知名度与能力的江苏省特级教师、常州市特级教师后备人才、市级学科带头人等担任委员；召集优秀的、有研究热情和研究能力的普通教师组建课程开发与统整领导团队、年级主题统整课程领导核心团队，这些成员既负责教育集团课程学科规划、设计、建设、质量监控等指导工作，统筹与保障教育质量的提高，又分散在相应的年级组、教研组进行过程性

指导，使得课程研究进一步常态化。目前，集团内课程改革全学科推进、全员参与。

三、集团化办学课程规划的具体任务

（一）确立共同愿景

集团化办学的学校课程建设的共同愿景，是集团课程建设的方向性航标，也是每一位课程建设者的实践目标。当然，愿景的确立既要考虑集团核心校课程建设的发展优势，也要基于各成员校课程建设的已有基础；既要有一定的前瞻性、引领性，也要有一定的可操作性、适切性。

1. 基于国家人才培养需求

《中共中央 国务院关于深化教育教学改革全面提高义务教育质量的意见》中指出要“坚持立德树人，着力培养担当民族复兴大任的时代新人”“坚持‘五育’并举，全面发展素质教育”，集团化背景下课程建设的共同愿景首先要基于国家立德树人的根本任务，立德树人、“五育”并举、课程育人、学科育人、发展素质教育，这些国家育人目标的具体要求是集团课程建设愿景确立的重要依据。

2. 基于集团育人目标要求

既然是集团课程建设的愿景，那一定要基于本集团的育人目标，课程建设的最终目的就是实现学校的育人目标，只有与学校育人目标相一致的课程育人目标才是有根基、有力度的，因此，集团育人目标是集团课程建设愿景确立的另一个重要依据。

例如，钟楼区觅渡教育集团的育人目标是培养具有“觅渡情怀、身心健康、实践创新”核心素养的新时代少年，努力促成其品格成人、学习成才、做事成功，最终成长为“江南第一燕”，做最好的自己。围绕育人目标，集团提出了课程建设愿景：（1）“和而不同”，学会做人：学会做人基本准则，学习和传承中华民族传统美德，养成良好品格；弘扬社会主义新风尚，热爱生活，懂得感恩，与人为善，明礼诚信。（2）“勤行谨识”，学会学习：坚守兴趣爱好，能学会自我规划；勤于学习、谨于思考，态度积极，习惯良好，身心健康；有追求真理、报效祖国的志向。(3)“寻真致远”，学会创造：具备乐于实践、善于探究、敢于批判、勇于创新的品质，具备较强的动手实践能力和发现问题、解决问题的能力。

集团课程建设是为育人服务的，只有紧紧围绕集团的办学理念和育人目标，集团课程建设愿景才站得住脚，才有可能得以真正实现。

3. 基于各校原有课程特色

集团课程建设的愿景不是凭空产生的，它一定是来源于集团各成员校原有的课程文化、课程建设愿景，这样才能保障集团课程建设是“有根之木”“有源之水”，是有生命力的。

比如新北区河海实验小学教育集团在形成共同愿景前，对成员校的课程建设情况进行了分析，发现新北区河海实验小学的机器人相关课程是学校科技特色课程，香槟湖小学的创客课程是学校的特色课程，百丈中心小学的国际数棋项目是学校特色课程，魏村中心小学的科技模型制作课程是学校的特色课程，于是找到了集团课程的重点方向“科技教育”，科技育人就成为集团课程的共同愿景。把科创项目作为集团的共建项目，四所学校既有共通的科技教育特色发展方向，又有具体的建设项目侧重点，能充分发挥集团的优势，把科创项目做出品牌，做出影响力。

（二）融合育人目标

集团课程建设的根本目的是更好地实现育人目标，这个育人目标既是国家要求的育人目标，也是每一所成员校各自的课程育人目标，因此，集团化办学中课程建设首要解决的应当是确定集团学生培养的总目标。

如何进行有效的共建研究呢？

1. 把脉区域教育的“方向”

教育集团所在的某一个区域中，一定有共同的教育价值追求，它是区域之内每一所学校发展的指南和导向，决定了区域内教育集团和集团内各成员校的发展思路，所以区域教育的育人目标是标杆。

比如钟楼区教育局提出了“优质教育长出来”的教育理念，并把“尊重每一个、发展每一个、成就每一个”作为钟楼教育的育人价值追求，因此，整个区域的每一所小学都融入某个集团或者联盟中，每一所小学都能找到自己的发展方向和路径，找到自己的课程建设育人目标。

2. 依托核心校的“关键”

一个教育集团一般都由一所核心校和几所成员校组成，集团课程的育人目标应当依托核心校的课程育人目标进行融合。

以常州市实验小学教育集团为例，集团核心校以社会主义核心价值观与“立德树人”思想为引领，确立了学生培养总目标是“培养有智慧、会分享的实小人”，形成了立体化的课程育人目标：以“分享品行、社会责任、家国情怀”为人格结构，以“主动参与、合作分享、创新实践、自主发展”为学力模型，具有“阳光、好学、大气”的外在形象特质。集团以核心校学生培养总目标为主干，融合各成员校课程育人目标，共建集团学生“成长树”，帮助学生扎下坚实的“人格”根基，具有壮实的“学力”基础，成长为枝繁叶茂的有用之材。在集团核心校分享理念的指引下，每一所成员校以求真务实的态度向下扎根，以志存高远的眼光向上生长，和而不同，美美与共，发展每一个，成就每一个。在这样的集团课程育人目标引领下，集团课程建设才能有的放矢。

3. 提取成员校的“共性”

集团课程育人目标须体现国家、区域的顶层要求，满足集团核心校的基本要求，但也不能忽略每一所成员校的课程育人目标，因为每一所学校有自己的办学历史、生源结构、地区特征，因此在确定集团课程育人目标的时候要充分尊重集团各校的课程文化、课程理念，均衡发展课程实施内容，尊重各成员校学校文化、环境文化以及教师文化，实施校本化课程，让每一所成员校的孩子各放异彩。

比如新北区三井实验小学教育集团，放大集团核心校三井实验小学“全息阅读”的研究路径和方法，同时结合其他成员校开设阅读课程的经验，如泰山小学对阅读课堂范式的探索、薛家实验小学的阅读精品课程、吕墅小学的绘本阅读研究，最终实现了集团内阅读课程的系统架构。

（三）制定战略规划

教育集团的长远战略规划，是一个集团前行的重要指南，通过制定集团战略发展规划，能够协调不同办学水平、不同类型成员校之间的办学理念和发展目标，促进各校办学模式的对接。也就是说，战略规划相当于一个教育集团发展的“纲”和“魂”，有了清晰的战略规划，集团课程规划才能更加有据可依，实施起来也更有效。

如何制定集团办学战略规划？教育集团要聚合各成员校的核心管理团队，动态分析集团以及各成员校现有的基础、优势、问题，以共同愿景为目标，以制度体系为框架，以学校文化为纽带，确定集团发展理念和长远发展目标，明确任务措施，完善保障体系。同时，在内容上可以将课程建设融入其中。

例如，常州市局前街小学教育集团在统一规划的基础上，尊重各成员学校的特质，引领各成员学校进行差异化发展。通过成员学校三年发展规划的论证，助推各成员学校在集团“儿童成长节律”课程整体设计方案的基础上，进行个性化的创造，形成各具特色的学校课程方案，满足学生个性发展需求。

又如钟楼区五星教育联盟根据自身发展情况需要，制定了五年以上的中长期发展规划和三年时间内的短期发展规划，为联盟的建设和发展奠定了基调和格局。整个规划分为三大部分：第一部分是“联盟发展现状分析”，主要包括“基本情况”“先期实践回顾”“后续发展思考”三个方面。第二部分是“联盟发展理念和目标”，主要包括“联盟理念”和“发展目标”两个方面。发展目标集中地体现在实现“一建六提升”目标，即进一步建立科学合理的联盟管理机制，努力促进在“学校管理能力”“教师专业水平”“学生整体素养”“课程建设水平”“教育教学水平”“学校内涵发展”等六个方面的共同提升。第三部分是“联盟发展的实施策略”，主要包含“定章程、建机制”“合资源、共分享”“破壁垒、人流动”“抓项目、同发展”四个方面。

可见，集团战略规划的制定对于集团课程规划的制定和实施有着重要的指导引领作用。

（四）设计建设路径

集团课程建设要结合教育集团的实际情况，整体建构课程体系，全面均衡课程资源，形成正确、科学的课程观，厘定课程内容体系、架构课程评价系统，确保集团课程建设的有效实施。

1. 整体建构课程体系

集团课程的建设要符合基本的课程建设“三观”：坚持“以人为本”的“集团课程”观；坚持“主动发展”的“课程教学”观；坚持“多元发展”的“课程评价”观。集团课程体系的建构要保证能够高质量地实施国家课程，形成独有的集团课程结构、体系，形成多样、多元、多向的集团课程实施方式与评价方式。在建构过程中，要放大集团核心校课程的研发实施经验，宏观建构集团课程体系。成员校要结合各自资源和课程基础优势，找到适宜的切入点，借鉴核心校完善的国家课程校本化实施经验，厘定自己学校的课程内容，让自己学校的特色主题课程不断发展。

常州市鸣珂巷幼儿园教育集团由鸣珂巷幼儿园、天润幼儿园、宝龙幼儿园和万福幼儿园四所紧密型园区组成，“乐文化”是集团所有园区教育理念的联结点，在统一的“乐文化”引领下，集团四个紧密园区的课程文化各有特色，形成差异化课程体系。鸣珂巷幼儿园以STEM课程为切入点，围绕“小牛顿探究型主题课程”，从基础课程、特色课程、拓展课程三类课程引导全园教师深入开展科学教育的实践研究；天润幼儿园在核心文化的引领下以“乐享艺术”为课程核心，依托“润美·创玩”的美术体验课程进行艺术课程的创新；宝龙幼儿园在集团核心文化的引领下以“乐享自然”为课程核心要义，创造出一套切实有效的“园本化”全园混龄教育课程；万福幼儿园则以“乐享表达”为课程核心，围绕“万福小剧场”，从园所、家庭、社会等领域努力挖掘绘本和童话剧对幼儿带来的发展价值。

2. 全面共享课程资源

课程资源是实施课程的必要而直接的条件，各校的优质课程资源共享非常重要。硬件资源的共享可以让集团各校彼此互通有无。软件资源的共享是集团课程建设的关键因素。软件资源主要包括以下方面：一是核心领导团队，集团要成立课程开发与统整领导小组，汇聚各校“校内专家”，定期进行理论学习与实战剖析；二是骨干教师队伍，通过名师带培、骨干引领等项目提升开发与实施课程的能力；三是广大一线教师，要通过多种方式引导教师找到“角色”定位；四是智力资源，集团教研要科学架构教研内容，丰富教研组织形式，定期研讨课程开发或深度分析学生发展等问题；五是家长资源，家长资源具有社会性，应该将丰富的家长资源实现集团共享，发挥其最大的效能。在集团中实现优势资源共享、管理互鉴、教研联动，才能实现相互支持、优势互补、互促共生的良好局面。

3. 优化课程实施条件

集团化办学的课程建设需要经历长期的研究和实践的过程，但在这之前需要提供基本的实施条件，这是集团课程有效实施的重要保障。首先，要建立集团课程各科质量评价标准，建立学科课程质量评价反馈体系，科学分析学生的学业发展水平。其次，要成立集团课程建设研究项目团队，在高质量实施国家课程的过程中，确定学科课程的建设目标，厘定学科课程的年段内容，改进学科课程的实施方式，尝试进行学习分析性评价；每个教研组要形成浓郁的研究氛围，聚焦课堂教学研究，丰富学生的学习方式，激发学生的学习活力，提升学生的学习能力。最后，要完善集团课程体系，使得集团课程形成鲜明的育人目标、清晰的课程目标、科学的课程架构、完善的课程内容、丰富的课程实施样式、多元的课程评价方案。

以常州市武进区星河实验小学教育集团为例，核心校星河实验小学和星河实验小学分校、横林实验小学、横山桥中心小学、礼嘉中心小学、坂上小学五所成员校共同使用“儿童创想课程”的思想理念与策略，进行儿童创想课程的推广使用辐射，各校采用“儿童创想课程的范式1”方式推进本校课程的整体建构与实践育人，不断丰富学校的内涵，全面提升学校的质量。

4. 科学制定评价体系

集团化办学的学校课程建设需要实施质量标准化评价，对国家课程的基础部分的评价采用“质量标准化评价”，拟定各门课程的质量标准，依据标准，采取多元方式进行评价。改进评价机制，对学生和教学评价进行改革。其他课程可以采用多种评价方式，如采用多主体参与的课程需求评价分析，让课程真正服务于每一个学生。此外，可以每学年举行一次课程自身评价，邀请校学术委员会、家委会、教师、学生、家长、专家等组织或人员对学校课程进行评估。

综上所述，集团化办学的课程建设要以提升基础教育整体办学水平为目标，有机融合集团核心校和成员校的课程育人目标，遵循基本原则，科学制定集团化办学课程规划，合理整合和扩大各校优质课程资源，整体架构完善的集团课程实施体系和评价体系，达成“资源共享、优势互补、共同发展、各显特色”的集团化办学课程建设目的，最终促进集团各校的优质、均衡发展。

第二节　不同办学模式教育集团课程规划的原则

学校课程是推动学校发展的主要动力，也是学校内涵发展的核心竞争力。课程规划又是课程有效实施的决定性因素，它决定学校课程实施的方向、过程、评价等方面。目前的集团化办学大致可以分为两种模式：一种是紧密型，即一体化管理，实行一个法人负责制，集团校有统一的管理模式和管理标准；另一种是松散型，即分散管理，各校由不同的法人负责，通过校际师资结对、教研联动，促进资源共享、管理互通、教学一体，以核心校牵手成员校共同发展、共同进步，逐步实现教育的均衡。这两种模式下的集团课程规划是不同的。紧密型模式下，集团课程的规划及实施是同步的。分散型模式下的集团课程则体现了和而不同的特点，所属同一集团下的各学校的课程有相对统一的设计、实施、评价等方面的规划，同时各校的课程又兼具本校自身的特点和优势。集团化办学课程规划制定的最终目的在于通过对集团课程的整体设计，增强课程对学校和学生的适用性，从而让学生享受优质课程，让课程成就学生和学校。因此，在制定集团课程规划的过程中，需要遵循一些基本的要求，接下来就紧密型教育集团与松散型教育集团这两种模式分别提出课程规划的原则。

一、紧密型教育集团课程规划的原则

紧密型教育集团虽然是一个法人负责制，有统一的管理模式和标准，但一校两址或一校多址的实际情况对集团的课程规划及实施也存在着一定的影响，如何进行集团的课程规划对集团化办学是一大挑战。为此我们提出了以下原则：

1. 课程目标的整体性原则

课程目标的整体性原则是指在设定集团课程的目标时，兼顾各校已有的发展态势，从整体进行考虑，最终形成集团统一的课程目标，该目标在后期课程实施的过程中起到统领的作用。紧密型办学的各校所实施的课程大体是一致的，为了确保课程实施的有效性，在实施前首先要达成统一的课程目标，课程目标的确立能让参与课程实施的所有教师心往一处想，劲往一处使，共同为课程的实施贡献智慧。

以常州市局前街小学教育集团的“儿童成长节律”课程为例，经过集团各校执行校长群的商讨，最终确立了这样的几条课程目标：

学校教育需要构建符合儿童“成长节律”的生活时序；学校教育需要创造符合儿童“成长节律”的课程生活；学校教育需要实现符合儿童“成长节律”的力量聚合。

又如常州市星河实验小学教育集团的“儿童创想”课程，集团基于“每个孩子都是银河中最闪亮的星星”这一育人目标，围绕培养有好奇心、想象力、创造力的学生，梳理了创想课程整体目标，即要有科学精神、科学认知、科学方法。此外还编制创想课程目标链条：低段指向儿童的好奇心和问题意识；中段注重儿童的想象习惯和质疑能力；高段注重创新思维与创造人格；细化融入课程的总体目标—学段课程目标—年级课程目标—学科教育目标—单元教学目标—课时目标。

有了对课程目标的整体性设计，各校在集团课程实践的过程中才能让目光聚焦，明确育人方向，更好地落实课程内容。

2. 课程实施的协作性原则

课程实施的协作性原则是指紧密型教育集团的各校在课程实施时可以结合自身的特点和优势，在集团课程总目标的引领下，选择最适合本校实施的课程方向，互相协作，共同达成集团课程的要求。虽然紧密型教育集团是一体化管理，但是各校的课程基础不一样，校园的空间环境不一样，课程资源不一样，师资优势不一样，课程建设的切入点和方式也不一样。在实施集团课程时，可以基于各校发展现状、优势的分析，最终确定每所学校的实施路径。

以常州市局前街小学教育集团的“儿童成长节律”课程为例，在集团“儿童成长节律”课程整体设计方案的基础上，各成员校进行了个性化创造。其中华润小学主打劳动教育课程，首次提出了“城市小学生劳动实践圈”的概念。华润小学提出的这一概念包括家庭劳动圈、学校劳动圈和社会实践圈，涵盖了学生参加劳动的三大空间。家庭劳动利于建构和谐的家庭关系，学校劳动则赋予劳动教育的育人价值，社会实践指向孩子对社会生活的适应性，三者结合，最后形成“处处有劳动，时时有劳动，劳动促成长”的理念。凤凰新城实验小学是一所处于城郊的新学校，周边聚居常州新市民，其学生较多跟随父母从外地迁入。凤凰新城实验小学的学生身上带着不同地域的文化特色，能很好地实现文化的互相融合，因此学校主打学生节点活动，让学生活动成为聚集学生合力、实现文化共融的载体。龙城小学是一所民办学校，常高新集团是这所学校的投资主体，因此相较于其他公办学校而言，龙城小学经济实力雄厚，能够为学生提供丰富的运动设施，提供标准的运动场所，成立软式棒垒球、击剑、网球、足球等多个体育俱乐部。学校还有一支实力雄厚的体育教师团队。基于这样的实际情况，学校打造了体育特色课程。在体育学科特级教师、副校长张勇卫的带领下，龙城小学举办好每一学年的学生运动会，让每个学生至少参与一项运动，放大辐射效应，创造运动文化；同时设置多样的运动课程，给予学生选修的权利，将“爱健康、爱运动”作为学生培养的目标，发扬运动精神，给予学生品格的滋养，帮助学生健康成长。

3. 课程管理的规范性原则

课程管理的规范性原则是指在课程实施的过程中有相对统一的实施步骤、方法、要求等，从而保障课程实施的有效性，确保各校在课程实施过程中不走样，不随意。它是课程规划关键要素之一。

以常州市实验小学教育集团的双桂坊校区和平冈校区为例。集团实施的课程是在省内外都有着一定影响力的“林—树”式课程。平冈校区作为成员校，原本是没有较为完备的课程体系的，加入集团后，核心校将“林—树”式课程的“实施三册”（即课程实施手册、教师指导手册、学生发展手册）全部分享给平冈校区，并每年派出二十多位骨干教师流动到该校区，渗透到各学科、各年级，确保“林—树”式课程的有效实施。

每学期刚开始，两校区各学科的同年级备课组就会围绕本学期的“林—树”式课程之“乔木林”课程进行前期的研讨，共同确定课程内容、实施的方法等。在课程实施过程中，两校区亦会相互沟通，分享经验和做法，力争实现课程的最优化。课程实施后，两校区分别搜集课程实施的过程性素材并形成微信公众号文章，这既是对本学期课程实施情况的总结，也为下一学期的课程实施者提供了较好的范本作为参照，便于该课程后续实施的不断完善。

4. 课程评价的统一性原则

课程评价的统一性原则是指集团制定统一的课程评价标准，以此来评价课程实施的效度，从而不断完善课程规划，构建完备的集团课程体系。这也是课程规划中不可或缺的一个因素，对课程的实施起着监督和调控的作用。

以常州市武进区星河实验小学教育集团的“儿童创想”课程的实施为例。对课程实施的效度，集团制定了序列化的评价阶梯。

1.0版，语、数、英学科游戏化闯关评价。采用游戏闯关的方式，学生每人手持评价单，来到“思维坊”“字典之家”“小剧场”“速算屋”等领域进行闯关。现场评估“口语交际”“搜索词典”“创造故事”和“口头计算”的能力。在评价中坚持鼓励的原则，让学生有一个成功的经历。

2.0版，六大智能素养学院场景化评价。“玩转星河小镇”结合现有的国家课程，围绕国家课程语文、数学、艺术、体育、科学、综合实践、道德与法治等学科，聚焦书面测试中通常没有检测到或难以察觉的内容。星河创想学院将走廊设计成小城镇场景，围绕人文创想、科学创想、艺术创想、生活创想、健体创想、创想品格等六个方面，让孩子们在具体场景中积极参与互动评价与合作。

3.0版，分学段采用游戏化评价与项目化评价。根据不同年段设计不同的评估内容、表达方式和读写要求。低年级继续采用游戏化评价考核场景，中高年级采用“项目研究”这一创造性评价方式。从不同维度量身定制相应的评价报告：如个性化的阅读报告、计算报告、不同领域素养发展图等，从不同维度呈现了儿童的智能发展、情感成长和个性发展。

4.0 版，情境化主题任务的社会化评价。以社会为大背景，以“勇闯创想城”的方式进行主题任务的评价，依托社会真实生活的场景，学生自由组合，选择情境化的项目任务，通过观察、体验、表达、合作、探究、发现等方式，将教育评估转变为不断生成的价值理解和创造性活动，关注儿童情绪、态度的形成和发展。

总的来说，紧密型教育集团的课程规划受其管理机制、管理模式的影响，制定起来相对容易些，对于课程实施的过程管理也更可控，成员校之间的配合度、默契度更高，有利于推动集团课程的实施与改进。

二、松散型教育集团课程规划的原则

由于管理机制、管理模式等诸多因素的不同，再加上各成员校在课程建设上的基础、师资等因素的不同，松散型教育集团的课程规划相对而言就会复杂和困难些。因此，松散型教育集团与紧密型教育集团在制定集团课程规划时所遵循的原则也有所不同。

1. 目标愿景的统一性原则

目标愿景的统一性原则是指在松散型教育集团在进行课程规划时，要聚焦统一的育人目标或课程目标，引领各校在课程实施中的方向。

常州市浦前中心小学于 2013 年加入常州市解放路小学教育集团，在“博文约礼，立己达人”的集团精神和“解放生命智慧，创新教育文化”的办学理念指引下，积极践行“课程联创”计划。学校利用集团校搭建的资源共享平台，立体化实施传统文化教育，以传统育人，以文化养人，使培养“文质兼修的和美少年”这一课程目标落地生根，真正让传统文化教育成为学校特色。

常州市朝阳新村第二小学在常州市第二实验小学教育集团的指引下，通过联盟式的办学方式，实现了优质资源的全覆盖。在“生命·实践”理念引领下，秉承“克难求进、共同创造”的集团精神，建设“乐群奋进·活力创新·立己达人·自我超越”的集团新文化，开发新资源，辐射新成果，创造新业绩，彰显朝阳新村第二小学在集团化办学中的独特魅力。

实践证明，松散型教育集团的各成员校在集团共同的发展目标的引领下，能更积极地践行各自的课程目标，最终实现集团的整体育人目标。

2. 课程构建的和而不同原则

课程构建的和而不同原则是指松散型教育集团的各成员校基于集团总目标，结合其自身特点进行课程构建时，可以有别于集团内其他校的课程体系，形成具有本校特质的课程体系。松散型集团的各成员校本就具有各自的课程体系，受核心校的引领，可以更好地完善本校的课程体系，不断提升本校的课程实施能力和课程实施效果。

以常州市三井实验小学教育集团为例，集团整体开设阅读课程，其意义在于放大核心校三井实验小学“全息阅读”的研究路径和方法的影响，同时汲取其他成员校开设阅读课程的经验（比如泰山小学对阅读课堂范式的探索、薛家中心小学的阅读精品课程、吕墅小学的绘本阅读研究都积淀了不同的阅读课程经验），形成集团内阅读课程的系统架构。三井实验小学教育集团的阅读课程通过集团内的融合，从回归本源的阅读价值起步，更高位地建构阅读发展的阶梯，集团内建立“基础阅读——生活阅读——终身阅读”的路径，最终走向促进人的精神发展的阅读。

又如常州市实验初级中学教育集团，由于核心校和成员校地域相邻，为了能够发挥地理上的优势，让教育要素进行最大化的流动组合，形成物质流、资金流、人才流、技术流和信息流，集团内合作研发了主题日课程，如学生入学课程、开学日活动课程、迎新年课程等，同时根据各校学生的实际情况，同步丰富各自学校课程建设的内涵。在校本课程的建设中，成员校从自身的特色发展出发，独立构建具有本校特色、独一无二的校本特色课程，实现优质课程资源的再生。成员校大力推进“快乐星期四”学生社团课程，采用校外专家助推学校课程改革的方式，外聘专业教练，全校内所有学生打乱班级授课，每个学生根据自己的兴趣特长自主报名。学校保障每个学生多元智能的发展，每学期结合迎新年活动、儿童节等开展嘉年华活动，汇报学习成果，通过外力提高师生参与社团学习的积极性，为更多的学生提供展现风采的舞台。

3. 课程资源的融通共享原则

课程资源的融通共享原则是指松散型教育集团的各校可以在课程资源的使用上进行共享，实现资源的优势互补和资源使用的最大化，形成资源共享、优势互补、合作共赢、互利共进的教育发展共同体。

如常州市实验初级中学教育集团在国家课程的校本化实施过程中，组织集团两校教师深入学习、深度交流，聚合力量，协同项目学校和周边学校一起开展“四校联盟”，借力集团联动、加强区域联合，大力开展“同题异构”教学研究，逐步形成“研究课”“常态课”与“示范课”多元并存、共同发展的课堂教学研究新思路，探索和实践新理念、新样态。并通过专家讲座（主要是借助集团校内专家的智慧引领）、小组研讨（组建跨校区的学科小组）、外出学习、校内说课比赛等方式不断提升教师的教学水平。同时，集团两校为实现教师在线远程协同教研，尝试使用网络平台，借助“互联网+”的资源来开展集团联动研讨，努力把学科组建设成为校本研修的学习共同体、教师成长的发展共同体、教学质量提升的奋斗共同体。

又如常州市戚墅堰东方小学教育集团，其核心校常州市戚墅堰东方小学致力于“新基础教育”研究十多年，教师在大大小小的教研活动中真切感受到了教研的价值，各个教研团队乐于研究、会研究，但时间久了，教师队伍难免会有一些懈怠。而成员校常州市丁堰小学由于学校整体发展的滞后，教研氛围相对就没有那么浓烈，很多时候教研就是一种形式，一种任务。成立教育集团后，两校开展了多次联动教研，对两校的教研起到了很大的推动作用。“四级教研”机制以点带面，从基层开始层层递进开展研究，不仅带动了全体教师参与的积极性，更把教研的氛围长久地留在基层。两校教学研究的差异和教师思维的差异激发教师们进行更深层次的思考，也促使教师们在理论学习和教学实践中进行进一步的论证，从而在理论和理念层面产生新的认知，促进两校教师在课程推进中发挥积极主动性。

以上原则是在常州市若干教育集团的课程建设实践基础上总结出来的。集团课程规划不仅仅是一个概念或者一种观念，而更应该是具体行动，因为科学地进行课程规划是在集团办学背景下推进课程建设必不可少的环节。这些原则的确立能增强集团各学校师生对集团课程的适应性，从而让学生享受课程，让课程成就学生，让课程成就学校，带动集团内所有学校共同发展、共同进步，最终实现教育的均衡化、优质化发展。

第三节　集团化办学课程规划的策略

纵观国内外集团化办学案例，多是以“管理输出”和“教师引领”的方式带动学校发展。在集团化办学背景下，各学校遵循一致的课程理念，具有共同的课程发展愿景，学校与学校之间是以协作、对话的方式开展课程建设活动的。各校在课程实施中是一种协作共生关系，在审视课程方案合理性、调整课程计划、开展教学创新等活动中相互尊重、相互学习、相互启发，在交流与研讨中合作共进。这种协作推进学校课程实施的方式在一定程度上打破了各学校各自为政、孤立无援的困境，真正促成各个学校之间的优势互补、互助共赢。

根据各集团组建方式的不同以及各校人力、物力和财力等因素的实际情况，集团化办学课程规划的策略主要有内生、外引和分化三种，旨在解决集团课程建设的内在“技术”问题。

一、内生：改良原有的课程

所谓内生，是指聚焦集团发展的总体育人目标，在充分了解本校已有课程基本状况的基础上，通过探索和实践生成学校独特的课程规划。其基本环节包括：确定目标—沟通联系—收集资料—构建预方案—修改方案—描述方案。[①] 在这一过程中，各成员校能借用核心校资源和力量，对原有不令人满意的课程进行改造和完善，快速提升该课程的品质。

使用内生策略的前提是学校本身具有较为完整的课程体系或具有特色鲜明的学校课程，在加入集团后可以借助核心校的资源使原有的课程规划更趋完善。

> 比如常州市第二实验小学教育集团成员校北郊小学，借助常州市第二实验小学雄厚的师资力量和强大的研究团队，以“iMath（爱数学）”课程基地建设为抓手，全面推进集团数学特色文化建设，最终形成自己的核心竞争力。北郊小学的数字化特色鲜明，已经融入了学校管理和服务的方方面面，并逐步延伸到学生的校园学习和生活中。加入教育集团后，由校内数学骨干教师、集团数学骨干力量和专家顾问，组成 iMath 课程研发中心，负责组织编写 iMath 课程实施纲要，明确 iMath 课程目标、课程内容、课程实施和课程评价等。从 iMath 实验室的建设，到数字化实验班环境的建设，再到整个学校数字化环境的构架，实现了学校全网覆盖。学校以“实验先行、建立模型、强化培训、推广应用、拓展创新”为策略，对国家课程的教学环境、教学内容、教学方式和教学评价进行创新性实施和校本化重建。学校系统架构了 iMath 课程体系，并开发完善了 iMath 课程。以数学国家课程为“经”，以口算练习、基础作业、综合测试、自主学习、实践游戏、数学阅读、数学步道、小小数学家 8 大模块为“纬”，“编织”了 iMath 基础课程和拓展课程，形成了具体的课程形态。

---

① 靳玉乐、董小平：《论学校课程的规划与实施》，《西南大学学报（社会科学版）》2007 年第 5 期。

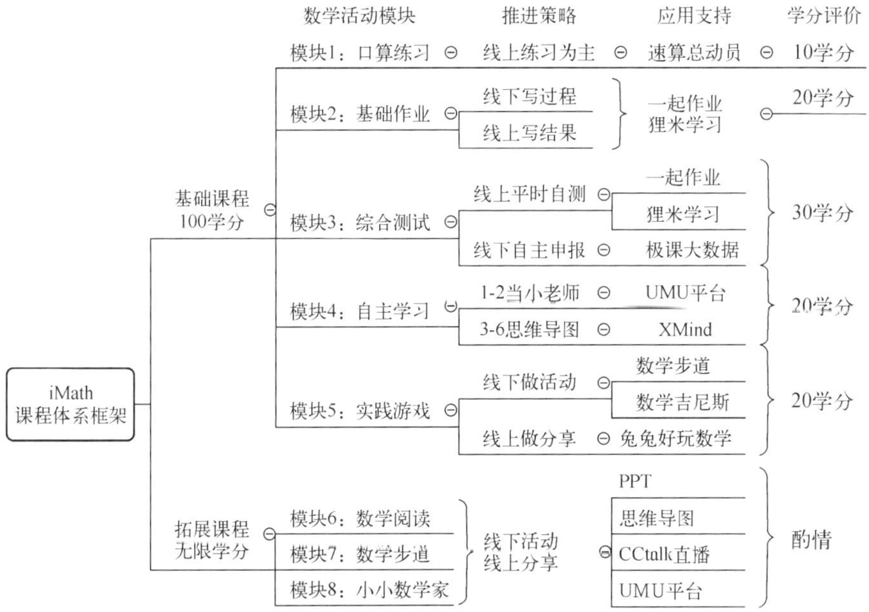

图 2－1　常州市北郊小学 iMath 课程体系框架

从上述例子中不难发现，北郊小学借助集团核心校的教师团队，进一步进行了本校课程体系的建构，形成了清晰、合理的课程框架，走出了一条有学校特色的课程建设之路。

二、外引：补白原有的课程

所谓外引，是指通过引进集团其他校的课程规划方案来构建本校的课程规划。其基本环节是：收集方案—评价方案—筛选方案—达成共识—描述方案。①

一般来说，采用外引的课程规划策略的成员校在加入集团前，学校自身并不具备较完整的课程体系，有的甚至没有课程体系。加入集团后，为了加速自身的发展，采用外引的方式是最直接、有效的。如果该集团是紧密型办学模式，那么外引无疑是最快速、便捷的一种策略。

① 靳玉乐、董小平：《论学校课程的规划与实施》，《西南大学学报（社会科学版）》2007 年第 5 期。

常州市实验小学教育集团成员校常州市实验小学平冈校区就采用了课程外引的方式。平冈校区本身并没有完整的课程体系，在加入实验小学教育集团后，跟随核心校常州市实验小学进行“林—树”式课程的探索与实践。为了让“林—树”式课程更好地在平冈校区落地生根，集团采用了以下措施进行效果保证：（1）教师交流，骨干引领。核心校每年会派出近二十位骨干教师前往平冈校区进行交流，渗透到各学科、各年级，带领平冈校区的老师们进行课程实践；同时，平冈校区也将年轻的老师派往核心校进行交流，为其成长助力、加速。(2) 联合教研，共同研究。自成立集团后，两校的教研活动就联合开展，统一时间，统一地点，主题提前布置思考，让平冈校区的老师尽快地融入课程的研究氛围中。(3) 校本教研，聚焦课程。为了让平冈校区的老师尽快地融入课程的实践中去，除了各学科的定期教研活动外，学校每学期都会召开一次关于课程主题的研讨会，以最快的速度让老师们达成课程共识，更好地投入课程的共建中去。(4) 开放心态，资源共享。两校在课程实践方面的同步性是非常高的，这一方面源于核心校具有开放、包容的心态，就连课程的实施细节都毫无保留地分享给平冈校区，以提高他们课程的实施效率；另一方面，由于平冈校区在课程中的起步较晚，所以核心校尽最大的可能去帮扶，将已有的资源分享给他们，又一次较好地体现了核心校的“分享”教育哲学。(5) 规范管理，质量监控。在课程实施的过程中，平冈校区也引入了核心校的质量评价体系，对日常的教学进行有效的管理，让课程教学质量有保证。通过几年的课程实施，如今的平冈校区发展迅速，已经成为家门口的优质学校，在老百姓中有较好的口碑。过去大量学生流失，新生招不满三个班，如今学区生爆满，新一年级要招满近十个班，这样的变化反映了平冈校区良好的发展状态，这是好的课程建设和实施带来的。

当然，实施外引策略并不意味着要全盘照抄，学校完全可以结合本校的特点进行调整和变革。在上述的例子中，平冈校区的综合学科在进行

“林—树”式课程的探索与实践时，内容就与核心校有所不同。比如音乐学科的实施中，核心校侧重声乐，平冈校区侧重舞蹈；体育学科的实施中，核心校将绳类、手球作为重点项目，而平冈校区将篮球、足球、跆拳道作为重点项目。学校在外引的同时，进行更符合自己实际、更能体现自身特色的调整，才能在最大程度上惠及学生，成就教师，促进学校的发展。

三、分化：整合原有的课程

所谓分化，是指学校将课程分成几个模块，保留其中有优势的模块，对于执行不太理想的模块则借鉴其他校经验进行改进。这样的做法可以整合原有的课程，取其精华，去其糟粕，不断优化课程规划。其基本环节包括：收集资料—模块分化—模块借鉴与生成—方案整合—集体审议—描述方案。① 若采用这个策略，学校需要广泛地收集资料，包括学校的人力与物力资源情况、课程政策、同级学校的课程规划方案等；进行课程模块的划分，找出能体现学校课程规划的总体目标和学校在课程规划方面的优势；要能充分利用集团其他学校的优秀方案，对本校课程的优劣势进行分析，确定学校自主生成和需要从外校借鉴课程规划的课程模块。

采用分化策略的课程规划在实施过程中是最烦琐和复杂的，成员校首先要有自己的课程特色，其次要借助集团核心校的力量对原先的课程大刀阔斧地修改。既要理清自己的课程体系，又要符合集团课程规划的要求。

例如，在常州市金坛区华城实验小学教育集团中，“一主三翼”书香课程是核心校华城实验小学语文课程教学推行的课改项目，取得了令人满意的成效。成员校河头小学的“群文阅读”课程项目也推行多年，但该校老师反映，“群文阅读”量太大，不太切合学生实际，是否可以尝试与“一主三翼”书香课程进行融合。于是，他们通过集团教研，开展“一主三翼”与“群文阅读”的对比课例研究，探索语文课程实施新路径。

---

① 靳玉乐、董小平：《论学校课程的规划与实施》，《西南大学学报（社会科学版）》2007 年第 5 期。

又如在常州市实验初级中学教育集团中，集团学校在国家课程校本化实施时，通过内部研修、合作平台、专家指导、共享核心校优质资源等方式加速课程建设；在校本课程特色培育上，根据校情创新独具本校特色的校本课程，从而建设全面多样、品质上乘的学校课程。

又如，常州市实验小学教育集团的成员校常州市钟楼实验小学、常州市新闸中心小学、常州市邹区实验小学根据本校课程建设的需求，因地制宜，有选择地进行课程改革，追求同中有异、异中有同，实现自由舒展。常州市实验小学的“林—树”式课程体系给集团其他学校提供了课程体系建设的生动范例，让集团内每所学校基于校情、着眼学情，在共享总校课程资源的同时，培育特色课程体系，给孩子提供更大、更全面的个性发展空间。钟楼实验小学的语文学科融入教育集团“林—树”式课程项目后，在学习借鉴已有研究成果的基础上，也基于学校实际进行适切性改造，进行相关的主题统整探索，从而形成低、中、高分段同步深入的格局。新闸中心小学注重做细校本课程，形成特色亮点：建设阳光体育课程，练就学生强健体魄；做优创客特色课程，提升学生信息素养；做细礼仪课程，搭建生命载体；做精学生拓展课程，满足学生个性发展。邹区实验小学践行“和谐至美”的课程文化，探索出“毓善至美”的课程图谱，构建出“毓善至美”的课程体系，其基本结构模型为“1＋3＋X”模式，其中“1”为国家基础性课程，“3”为三类“至纯研究”必修性课程，“X”为“至乐体验”选修性课程。

可见，基于分化的课程规划策略可以帮助学校最终达成“和而不同、各美其美”的课程建设新局面，让每所学校在课程规划中找到最适合自己的位置，完善本校的课程架构。

总的来说，无论是紧密型教育集团，还是松散型教育集团，都需要充分发挥核心校的课程优势，输出课程建设理念，加强对成员校课程规划、研发与实施的指导，推动学校之间的课程整合与开发，为集团内所有学生提供丰富、多样的课程资源。

第三章

教育集团课程建设共同体

德国著名社会学家、哲学家斐迪南·滕尼斯在其成名作《共同体与社会》一书中，定义了“共同体”的概念，即通过某种积极的关系而形成的群体，统一地对内对外发挥作用的一种结合关系，是现实的和有机的生命组合。① 由个体意志决定的、相互发生关系的群体，这是共同体的基本条件；对内对外发挥作用是共同体的功能；现实的和有机的生命是共同体的本质。集团课程建设以共同体的方式来推进，是因为各校在课程领域有共同追求的目标。形成教育集团课程建设共同体有利于各校更好地合力解决课程问题，共同承担责任，相互作用，发挥各校的专长，分享彼此的思想，从而形成更加科学、合理的优质教育集团课程。

第一节　核心校科学引领

教育集团课程建设的过程中，单纯的拿来主义与我行我素的顽固态度都会阻碍集团课程建设的推进，鉴于此，核心校的科学引领就尤为重要。

集团化办学某种意义上可以看作一种品牌经营策略。品牌是商品经济发展到一定时期的产物。最初，品牌的设立是为了与其他的企业品牌区别，但随着商品经济的发展，企业通过品牌将企业最本质的一面

① 斐迪南·滕尼斯：《共同体与社会——纯粹社会学的基本概念》，林荣远译，商务印书馆，1999，第 52 页。

展示给消费者，品牌成为企业的实力和长期以来在大众中形成的口碑的整合。良好的品牌能为企业带来巨大的经济效益和社会效益，让企业在竞争中处于优势地位，因此各个企业越来越重视对自身品牌的建设和维护。

在教育集团中，核心校就是一个良好的品牌。教育集团建立的一大目的正是把核心学校长期积累起来的品牌优势、品牌可信度、品牌名誉度等通过集团办学辐射到其他学校，在短时期内促进集团内成员校的快速发展，促进教育的均衡，获得社会的认可。在集团化办学背景下，核心校与成员校之间深度联结，以形成一种新的资源交换与共享的组织共同体。如果从课程建设的角度来看，就是要形成整体架构、共同研讨、合力解决问题的课程建设共同体。

一、理念引领

宋代思想家朱熹曾说："知之愈明，则行之愈笃；行之愈笃，则知之愈益明。"理念的引领，可以帮助各校及全体教师准确把握课程建设的价值导向、目标追求，从而形成课程建设的共同体意识。

（一）价值认同，建立课程愿景

关于价值认同，查尔斯·泰勒强调认同问题关涉到一个个体或族群安身立命的根本，它所要解决的是如何确定自身身份的方向性定位问题。① 杨峻岭认为，价值认同是指某一国家或民族的人们在长期的社会交往过程中逐渐形成的对某种价值观念、标准、价值理想或目标的认可，以及接纳并愿意共享的情感体验。它一般通过社会成员对某种社会价值观念的自觉接受或对社会价值规范的主动遵循表现出来。② 安东尼·吉登斯认为价值认同一方面是社会连续发展的历史性产物，不仅指涉一个社会在时间上的某种连续性，也是社会在反思活动中惯例性地创

① 贾英健：《认同的哲学意蕴与价值认同的本质》，《山东师范大学学报（人文社会科学版）》2006 年第 1 期。

② 杨峻岭：《论当代中国政治认同的主要内容》，《社会主义核心价值观研究》2016 年第 5 期。

造和维系的某种东西。①

集团化办学是形成价值认同的过程。在这一认知实践过程中，课程愿景通过打磨逐渐形成价值标准，当集团成员将此课程愿景作为追求目标，并内化为自己的价值取向时，便能自觉地将集团课程建设的要求内化于心，外化于行，充分地发挥自身的主观能动性，自觉主动地谋求学校课程的发展。因此，形成教育集团课程建设共同体的首要步骤，就是建立共同愿景，达成价值认同。

比如，常州市实验小学教育集团成立之初，在讨论“常州市实验小学教育集团该走一条什么样的创新之路”问题时，大家达成共识：以“分享文化”的传播及推广为己任，确立“文化立集团、各校显风采”思想，共同经营常州市实验小学教育集团。多年来，常州市实验小学教育集团领导班子和全体教职工在集团“分享文化”理念的指引下，认真工作，积极践行“人人都是吸纳的树，个个成为分享的源”的分享教育哲学。在学校课程建设方面，核心校常州市实验小学在实践中认识到，学校课程不是国家课程、地方课程、校本课程三级课程门类的简单叠加，而是在学校个性化培养目标的指引下，整合学校多方资源，为学生的个性化发展专门设计的课程，是学校独有的课程。常州市实验小学通过自己的课程规划，形成了自己独有的“林—树”式学校课程。常州市实验小学作为核心校，其示范性获得了成员校的广泛认同。在这样的价值认同基础上，集团课程建设共同体得以致力于把学校各自的愿景融合为一个共同的愿景——分享育人，打造适合自己的学校课程，从而促使每个学校都为共同愿景付出，促进学校的发展。

而成员校对课程愿景产生肯定性价值判断后，因为认同，助力了本校的课程建设；因为协作，形成了课程建设的合力；因为追求价值的实现，提升了课程实施的效能。并且能相互学习、取长补短、

① 安东尼·吉登斯：《现代性与自我认同：现代晚期的自我与社会》，赵旭东、方文译，三联书店，1998，第57—60页。

共同进步。

（二）目标导航，涵养课程特色

目标是想要达到的境地或标准。有研究显示，学习共同体的形成最先并不一定因为拥有很多共同之处，而是仅仅因为目标上的一致性倾向而联合和组织起来。① 而明确的目标（包括有规划的长远目标和渐进的、易实现的短期目标）能有效调动共同体成员的积极性，促进共同目标的实现。

在教育集团课程建设中，共同体成员之间往往存在着不一致的行动与倾向，从国家课程的实施到校本课程的开发，各种形式的校本化与实施不到位使课程内容落实有差异。常州市集团化办学旨在激发学校办学活力，促进学校主动发展，使一批新建校、相对薄弱的学校在政策带动下迅速成长起来。在这样的共同目标的引领下，各集团核心校和成员校都积极交流、相互促进，逐渐形成符合集团实际情况的发展之路。

如常州市局前街小学教育集团核心校和成员校共同合作推进"儿童成长节律"课程改革，依托中国传统的二十四节气，形成融生命、艺术、科学、社会为一体的综合学习活动主题。如立冬、大雪等节气活动的设计和实施，都先由华润小学独立完成，最后和集团课程部进行资源共享。学校在寒露节气开展了美食品尝冷餐会、农具变迁研究会、品茶吟诵诗歌会、登高望远远足会，使学生收获了不一样的成长体验。

又如常州市钟楼区觅渡教育集团核心校高位引领，在广化校区、冠英校区实施集团统一设置的课程，同时加大对课程实施的指导和监督力度，如联合开展"我是江南第一燕"主题系列活动，引导学生"勇于超越，成为最好的自己"。系列活动纵向以学生的年段为序列，以"燕子"为形象，形成三段式成长，具体分为"孵化季""成长季""展翅季"；横向以校园生活、社会实践活动作类别，在

① 龙安邦、金心红：《学习共同体的基本内核》，《当代教育与文化》2019 年第 6 期。

“开学季”、“毕业季”、班队活动、“八礼四仪”、研学等实践体验中形成觅渡学子品格。

在形成集团课程建设共同体的过程中，目标一致是非常重要的，只有集团内的每一个成员校都将集团课程的共同目标作为自己发展的目标，才能够促进集团课程的长足发展。集团的特色必然由课程的特色来体现，课程特色的形成离不开各学校的文化烙印、教育理想，以及每所学校对集团课程建设的积极参与。

（三）相互作用，提升课程品质

“相互作用是学习共同体演化与发展的根本动力，若干人因‘追求某种有价值的认知成果’而产生的相互作用，现实地生成具体的学习共同体，演化出学习共同体的关系、规则、结构、共识等组织性要素。”①集团课程建设共同体就是在相互作用中得以发展，共同体成员为了共同的追求，相互合作以解决实际问题。

如常州市武进区清英外国语学校教育集团的童话课程在核心校与成员校的相互作用下，精彩纷呈。武进清英外国语学校在2013年时，就为孩子们设置了每周一节的童话课，课上由老师带着学生精读童话。教室是学生成长的地方，而武进清英外国语学校的教室像梦幻般的童话城堡。老师们用灵巧的双手，用自己的智慧创造出一个个唯美的童话世界。在取得良好成效后，武进清英外国语学校通过网络直播平台，将课程资源分享给成员校的孩子们，让孩子们共同感受童话课程带来的快乐。集团各校在此基础上还进行了创新合作，收获颇丰。如成员校常州大学附属小学的“戏剧课程展演”分年级开展，受到了学生、家长的欢迎；武进清英外国语学校教师积极参与武进区新安小学童话剧“寻找书书侠”的排练工作，从台词脚本到细节动作，全方位进行指导，最终使童话剧精彩呈现。童话课程已渐渐成为集团课程中的一抹亮色。

① 龙安邦、金心红：《学习共同体的基本内核》，《当代教育与文化》2019年第6期。

又如常州市实验小学率先加入了江苏省基础教育前瞻性教学改革实验项目，整体架构了“林—树”式学校课程。之后主动输出经验，带动成员校进行课程建设。如新闸中心小学以“诚实”为培养目标的礼仪课程，以“欢实”为培养目标的创客课程，以“丰实”为培养目标的民俗课程，以“结实”为培养目标的健体课程，已初具规模；钟楼实验小学围绕“明礼、治学、乐群、向上”的育人目标，提出了新的课程设置；邹区实验小学从百年老校的发展历史中找到“毓菁”文化的因子，把国家课程与校本课程统整为“毓养课程”“毓秀课程”，整体构建了“毓菁”学校课程体系。邹区实验小学副校长周华曾说：“我们与常州市实验小学牵手，走近‘林—树’式课程背后的故事。如我校‘生活语文’课程的开发和实施借鉴了‘林—树’式课程中的‘乔木林’课程，语文教研组的教师们立足教材，从学生的生活需求出发，开发、整合和重组教材内容，创造性地实施语文课程。将语文与生活紧密勾连，不仅关注语文学科的人文性，更体现语文学科的基础性与工具性，让学生在‘生活语文’课程的学习中，学会语文思维，学会阅读与表达。”

从这些实例中不难发现，核心校的辐射、成员校的吸收，其实质是追求更多的办学资源，提升课程的品质，实现学校的内涵发展。

二、策略支持

策略是可实现目标的方案的集合，在课程建设的过程中，策略可以帮助课程建设者提升认知，形成合力，有效落实计划。从实践层面来说，寻求专家指导、以项目聚合力、导师走校、团队联动都是行之有效的策略。

（一）专家把脉，指点课程建设迷津

专家是指在某一方面有专门研究或独到技艺的人。在课程领域，对课程内容、课程结构、课程分类、课程实施、课程模式、隐形课程、综合课程、核心课程、课程生成机制、课程制度等等进行专门研究且有独

到见解的人，就是课程专家。

课程专家在课程建设中的作用至关重要。比如，自2015年江苏省教育厅和财政厅发布《关于做好基础教育前瞻性教学改革实验项目申报工作的通知》后，常州市实验小学教育集团核心校就自主申报，接受区级、市级层层考核，最终所申报项目被评为市级优秀项目。为了进一步完善项目的顶层设计，学校向课程专家寻求帮助。

为真正展现常州市基础教育一线教学改革与实践的探索与思考，常州市教育局领导和职能处室同志等多次深入基层单位交流指导，紧扣“观照前沿理论、创新方法路径、破解现实难题，注重前瞻性；坚持实验探究、构建教学范式、促进主动好学，注重实效性；能坚持理论研究与实践运用的统一，在强调理论成果价值的同时，也注重成果的应用性和可推广性”的评审要求，不断追问，引发思考，在反复研讨中求完善。

常州市实验小学教育集团还特邀成尚荣、彭钢、戚宝华等基础教育专家与集团课程建设共同体成员面对面交流。专家对学校能用课程建设统领各方面工作、积极推进分享教育的深入研究给予肯定，指出“立德树人”是根本，“课程落实”要严谨，建议在构建课程体系时要注重科学性、规范性，从“规划—研发—审定—实施—评估”几方面形成规范的体系和程序。立章建制，既能规范课程体系的构建，又能在探究摸索中促进现代化学校管理制度的更新，有章有法，形成规范。

在课程实施中，省市区规划办、教育科学研究院、教师教学发展中心等，经常通过现场指导、专题讲座等形式为课程建设把脉诊断，为集团课程建设共同体更新理念，指明方向。在时任常州市实验小学教育集团总校长杨文娟的带领下，学校项目团队成员们听取课程专家的意见和建议，对照评审要求，对申报项目核心概念的界定、核心素养图谱的绘制与解读、学习方式与评价方式概念图的创建、省答辩新概念“效能比析”的剖析等反复讨论，不断完善项目申报与答辩方案。他们夜以继日，不仅在“头脑风暴式”的研讨中碰撞出智慧，更一次次地虚心向各级专家请教。专家们真诚、无私的指导，为常州市实验小学课改项目申报提供了智慧与动力。学校申报团队秉承“真诚虚心、刻苦执着、追求卓越”的研究精神，历经三十稿的整理修订，最终在江苏省两大课改重大项目评审中不负众望，载誉而归。

常州市实验小学的“林—树”式课程已在常州地区基础教育教研改革中推广。江苏省教育科学研究院基础教育研究所副所长倪娟在观摩了常州市实验小学的“林—树”式课程推广会后，给“林—树”式课程的名称赋予了更深的意义，她说：“无论是从课程的建构还是从孩子的生活经验上看，常州市实验小学的‘林—树’式课程都体现了整体关联、动态平衡、自然合理的哲学思想，应该在基础教育阶段进行推广和实践。”这一具有哲学高度的概括，给学校的课程建设团队点亮了思考的新路径。

（二）依托项目，形成课程建设合力

“项目，是指将各种资源整合而成的一个短期组织，为达到一个特定目的、取得某个结果、解决一定问题所开展的活动；是有明确的起点和终点的一次性活动，而非持续性的工作。项目管理，是在有限的资源条件下，在平衡范围、成本、工期、预算、质量等约束条件下为完成任务、实现项目目标所采取的一系列管理活动。”①

常州市教育主管部门引入项目管理的思路，推进市政府集团化办学工作精神落实。项目管理能够用一个具体的研究项目，把大家凝聚到一起，不管是核心校，还是成员校，都突破原有传统的管理界限，为了实施共同的项目，共同努力、共同奋斗，共同分享研究的成果。同时，以项目推进课程建设会更加便利和灵活，可根据实际情况，动态调整，特别适用于协作式或合作式集团化办学的模式。

如常州市新北区河海实验小学教育集团共建“科创项目”，形

① 马杰、马进林：《项目管理研究综述》，《江苏商论》2020年第2期。

成了课程建设合力。

首先，集团分析各校优势，确定共建项目。在对各校科技教育进行精准分析后发现，机器人相关课程是河海实验小学科技特色课程，创客教育是香槟湖小学特色课程，国际数棋项目是百丈中心小学特色课程，科技模型制作课程是魏村中心小学特色课程。在科技教育方面，四所学校既有共同的科技教育特色发展方向，又有具体的项目建设侧重点，所以确立“科创项目”作为集团的共建项目。四校在建设过程中既有共同的兴趣和目标，在具体项目上又有互补性，集团以共建项目驱动，能充分发挥集团的优势，把科创项目做成品牌，做出影响力。

接着，集团策划活动，找到共建路径。(1) 互补性学习研讨。组织社团学生到优势学校进行学习交流，专家共享，硬件共享，软件共享，成果共享，在交流学习中获得提升。(2) 成果展示交流会。举行四校学生科创成果展示交流会，让所有学生感受集团共建项目的成果，让四校学生共同受益。(3) 推行 U-S 合作方式。依托常州市河海实验小学常州工学院附属小学的身份，以及学校三年发展规划中 U-S 合作的研究项目，尝试借助河海大学师资和设备优势，为集团共建“科创”项目服务，让四校学生受益。

在协作式集团化办学背景下，集团核心校与成员校基于协同理念各展能力，团结起来共同发展，为稳步推进集团课程建设夯实了基础。

（三）导师走校，助力高品质课程建设

教师是教育的第一资源，核心校的优质师资的传帮带，促进了成员校教师专业的成长和素质的提升，给高品质课程的建设奠定了人力基础。

在集团联盟抱团发展、重点突破、合作共赢的思想引领下，新闸中心小学在集团联盟中率先启动了“导师走校”制。该校在联盟内部遴选市级学科带头人以上的优秀导师，与联盟各成员校的青年教师结成师徒关系，定时、定点、定主题，通过“走校”的方式深入青年教师的课堂，从学科核心素养校本化实施、联盟课程建设选择性渗透、学校校本课程个性化开展的高度，“以课为媒”，共同研讨，在一次次磨课的过程中“以点带面”，推进学校高质量课程的实施。随着钟楼区“城乡互助——优秀教育资源示范辐射项目”的实施，核心校的名师每周到成员校送教下乡、帮带骨干成长，获得成员校一致好评。此外，依托常州市乡村骨干教师培育站活动，核心校名师工作室大力吸纳乡村成员校优秀教师、骨干教师进入工作室纵深研究，引领乡村青年教师加速发展。

（四）团队联动，分享特色课程建设经验

教育集团课程建设共同体的形成是多方合作的事业，核心校在发挥自身课程领导力的过程中，同样也发掘着成员校潜在的课程能力，在共同完成课程建设的过程中，集中优势，突破难点，形成合力，分享各自的课程建设经验，携手提高课程实施水平，获得社会认可。在常州市钟楼区，团队联动颇具特色。

1. 名优教师联动

“成长在钟楼——名优教师提升工程”是钟楼区教育文体局重点打造的助推名优教师再成长的项目。常州市实验小学教育集团承办了该项目的启动仪式暨首场课堂教学研讨活动。活动中，优秀教师精彩亮相，展示对立足课堂提升学生核心素养和关键能力的探索和思考，引发大家对成长的再思考。常州市实验小学教育集团名优教师联动，为钟楼名师突破瓶颈开启了新路径。

2. 各级工作室联动

钟楼区充分发挥联盟“分享智慧工作室”的辐射引领效能，每个工作室紧紧围绕“学会思维”的总目标，制订年度研究目标，定期开展方向明确、重点突出的研讨活动，工作室成员及时回校传递工作室研究进展，起到“1+1+N”的辐射效果。陈美华的“小学数学实验教学研究”工作室、毛成的“儿童发现式阅读”工作室、张祖润的“关键性问题”工作室、李玉的少先队工作室等开展扎实的日常教学研究活动，工作室在领衔人的引领下抱团发展，培养造就了一批优秀的教师。

3. 城乡结对联动

钟楼区“成长在钟楼”的项目，吹响了该区“教育西进”的号角，优质资源均衡进一步推进。常州市实验小学教育集团管理团队到钟楼区西部的邹区实验小学开展教育教学联盟研究活动，分别就语文、数学学科的课程建设、课堂教学等进行了深入的研讨。核心校还组织一系列“教育西进”的相关活动，如乡村骨干教师培育站活动、城乡牵手行动、联盟优课展示活动等，给乡村教师带去了课堂教学实践研究的成果，也带去了新的教学理解和思考。

4. 校际教研联动

高品质课程的落脚点在课堂的高品质，集团以“学会思维”为课程建设的总目标，构建促进学生思维发展的课堂教学范式，促进每一个学生在学习中形成学科思维。集团改善校本教研方式，注重校际联动，以“学会思维”为主题开展同题异构研讨活动，每学期都有核心校和成员校的不同学科的教师进行优质教学展示，由集团专家组进行课堂点评，提升教学理念，改进教学方法。集团的“银杏杯”主题征文更是校校参与，记录了教师们日常实践、思考的轨迹。每年暑假集团培训时的“银杏杯”颁奖典礼，是集团课程建设者们的盛会。

5. 平台机制联动

整个钟楼区的高规格活动都会吸引各集团争相承办，利用大舞台资源，集团各联盟校有更多机会展示自我、提升自我。比如，第二届基础教育课程改革实验区课改项目与课例展示活动、中国教育创新年会、第五届江苏省“书香校园建设”小学校长峰会、新时代推进素质教育区域范式的实践研究中期汇报等活动，为教师们搭建了成长的平台，让他们站得更高，看得更远。承办校带动其他成员校在活动中共同成长，使整个区域教育研究充满活力。

三、迭代创生

教师的课程创生是指教师根据本地本校的实际情况、自己的知识经验和能力优势、学生的兴趣爱好和发展水平等，在整个课程运作过程中通过批判反思来实现对课程目标、课程内容、课程资源、课程意义和课程理论持续、主动的变革、建构和创造。其核心理念是：教师在整个课程运作过程中都应充分发挥主体性和创造性，并以此为基础培养和提升学生在课程活动中的主体性和创造性。①

课程改革是教育改革的核心，教师是课程改革的主力军，课程的迭代创生，离不开教师的创造性活动。如常州市实验小学教育集团课程建设共同体在课程改革中摸索前进，教师对“国家课程校本化”实施的认识与行动，经历了落实课程标准—开展学科主题教学—自主架构课程体系三个阶段。

1. 第一代：落实课程标准

常州市实验小学有着悠久的教科研传统，并具备通过科研提升办学水平的能力。随着2011版义务教育各学科课程标准的出台，常州市实验小学教育集团抓住培训之机，在集团内组织所有教师认真学习、研读，还根据课程标准修订了《常州市实验小学学科质量标准》。2012年暑期培训时，常州市实验小学教育集团以学科教研组为单位，成员校相关学科全员参与学习，就新学期学科内容如何落实质量标准进行了研讨。核心校把教育科研推广到集团层面，使得教育集团各校在教育教学质量提高方面有了可参考的标准。

2. 第二代：开展学科主题教学

第一代以落实课程标准为主的集团课程模式，强调的是学科教学，更注重基础知识和基本技能。在此基础上，以按主题设计教学活动、调整教学内容先后顺序、拓展学科知识容量为主要特征的学科主题教学在集团核心校常州市实验小学的语文组开始了实验。

如“主题单元化，阅读综合化”的具体做法是：

（1）确定主题。基于学生的年龄特点，基于教材的内容特点，基于六个年级学习的阶梯性，分别确定了十二个主题。

（2）重组内容。将教材重组，形成指向一致的“单元语境”，将课外

① 李小红：《论教师的课程创生》，《高等教育研究》2005年第11期。

阅读内容也融入课堂教学主题中来，课堂呈现开放性，语文学习更生活化。学生更深入地获得情感体验，提升人文素养。

(3) 单元教学。与以往的一篇篇课文细嚼慢咽式的教学不同，单元教学突出的是“主题先行”，因此，重点学习的是与主题相关的内容。这样，就避免了逐字逐句剖析的问题。同时，不同的文章的阅读也能做到详略有别。进行调整后，课内时间多出来了，就用于课外阅读的补充，包括整本书阅读的指导。这就让有限的课内时间得到了更充分的利用。

(4) 综合阅读。“整本书阅读”在“主题单元化、阅读综合化”实验中有着重要的位置。每一本书的选择有针对性，不同年级在整本书的阅读中，方法也是多元的。

(5) 语用提升。以校本化的“阶梯习作”为载体，尝试激活写作素材，以更宽的视野把读写紧密联系起来，初步以“发现—记录—小练笔—情境作文”的基本模式，提升学生的语用能力，实现举三反一。

为了保证“林—树”式课程的有效实施，语文组老师大胆取舍，把三分之一教材作为略读教材，腾出时间进行单元重组，深入开展“主题单元化，阅读综合化”实践。老师们勤于研课，拓宽实验方式。在每月一课的基础上，加大研课的力度、广度和深度，从群文阅读、导读课、推进课、总结课等课型上进行研究。在老师们共同努力下，呈现出了许多成功的研究案例。

核心校语文组的成功经验在集团课程建设共同体中进行分享，大家不断探讨在其他学科开展主题教学的可行性，并勇于尝试，及时总结经验教训。成员校基于智慧共享，小目标越来越明确，行动越来越协调。

3. 第三代：自主架构课程体系

学科主题化的探索，是教师创生课程最早的方向，揭开了“国家课程校本化实施”的新篇章。之后，集团开始尝试整体架构“林—树”式课程。希望借助课程变革，切实提升教育集团的核心竞争力。

(1) 全程由核心团队引领

集团课程建设共同体成立“林—树”式课程开发与统整领导小组，

汇聚共同体的“校内学术专家”，定期进行理论学习与实战剖析，在“构建—实践—批判—再构建”中提升。

（2）全新的顶层设计架构

“林—树”式课程围绕学生核心素养的培养，既指向育人生态的建设，又指向课程结构的完善，还指向课程实施方式与评价方式的变革。因此集团注重从顶层进行设计架构，力求从创造性地建设“育人生态林”、结构性地厘定学校课程体系、校本化地实施“林—树”式课程、多元化地变革课程评价方式四个方面整体规划项目内容。

（3）全员全学科参与研究

所有学科均根据顶层设计要求对所教内容按主题进行梳理、统整和相应的取舍，精心设计主题活动，寻找多元的评价方式，大胆进行学科“林—树”式课程资源的整合与开发。如数学组在学科的范畴内设计了丰富多样的学习活动，丰富了数学课程的实施样式；英语组注重学科内的统整，能根据主题进行课程资源的开发和利用；体育学科对“球”和“绳”两大课程进行了开发与实施；综合实践学科精选各年级主题，细化了小课题研究指导步骤，以“长短线”结合法实施课程，努力创新课程评价方式……

（4）全力推进评价改革

集团全面推进了学生的素养评价工程。取消“三好学生”评价，推进“银杏娃”评价体系改革，使评价更全面、科学。所有活动有机统整到“银杏娃素养工程”中，并不断完善“最美班级”的各项争创细则，开始实施数字化平台综合素质评价。

在不断推进课程体系架构的过程中，集团共同体成员们边实践、边反思，不断总结课程实施的经验，有意识、有方法地形成课程实施纲要，有层次、有条理地形成各类课程的方案，有序列、有质量地进行各类课程成果的发布。

第二节　成员校自主研发

综观国内外集团化办学案例，比较多的是核心校通过管理输出和教师辐射的方式带动成员校发展。但无法否认的事实是，集团内无论是核心校还是成员校都是独立主体，有着本校特有的文化积淀和独特的教育表达。如果成员校纯粹依赖核心校的输出和辐射，一不小心就会失去自我，因此，成员校必须拥有“自我表达”。从某种意义上说，课程决定着学校的形态，只有从借鉴到模仿，最终走向自主创生，才能从根本上改变学校教育。

从常州市的集团化办学探索实践成效来看，运用“移植”“嫁接”“风媒”这三种课程研发形式，可以有效促进成员校的课程建设。

一、移植式

“移植”的本义是将秧苗或树木移至他处栽种。在科学研究中，移植法是一种较为简单、有效的方法，很多重要的研究成果就是来自移植。科学研究中的移植法，就是将某种事物、某个领域中的原理、技术、方法等，应用或渗透到其他事物或领域当中，为解决某一问题提供启迪和帮助的创新方法。课程建设中的“移植”，是指成员校整体或部分迁移核心校相对成熟、完善的课程内容，迁移课程的组织架构和实施策略，分享已有的课程资源，共同参与课程建设，从而快速提升学校办学水平，促进师生的发展。

教育集团成立后，各校课程建设的发展不均衡是一个客观存在的事实。在这种现状下，基础较为薄弱的成员校，尤其是紧密型教育集团的成员校，通过课程移植既抓住了学校发展的关键，又能在一定程度上避免集团化办学的文化消融。集团化办学的基本出发点是实现集团学校内部在理念、资金、人力、信息等方面的资源共享，这是集团化办学产生整体效应的保障，是支撑组织初始运营的基础。在课程建设中，成员校利用核心校成熟优质的课程资源进行课程研发，有效促进了优质教育资源的配置和充分利用，促进了整体办学水平的提高。

以常州市局前街小学教育集团成员校的课程建设为例，各所成员校通过共同参与开发实施“儿童成长节律”课程，既加强了与核心校的合作交流，又实现了课程改革的深化和学生素养的提升。其具体的经验可归纳为四个关键词：统一、同步、统整、差异。

首先，统一课程改革理念。一是成员校和核心校统一学校办学理念：学校教育，需要构建符合儿童“成长节律”的生活时序；学校教育，需要创造符合儿童“成长节律”的课程生活；学校教育，需要实现符合儿童“成长节律”的力量聚合。二是成员校和核心校统一接受高位、高质量的课程理论培训，了解宏观的课程改革背景以及具体的课程改革设计等内容，掌握课程改革中的思路和方法。

其次，同步课程规划方案。以校长为第一责任人的项目领导工作小组建立课程研发中心，负责顶层设计与实践管理工作，同时充分考虑本校的实际及发展的前瞻性，实现三级课程的有效整合与不同形态课程的相互沟通。学校课程设置比例体现综合性、发展性。

再次，统整课程实施行动。一是成员校和核心校实现课程实施路径的统整：实行阶段节点研讨制、重点项目攻关制，按时序阶段分项突破，逐步实现各课程形态中的相关课程内容及实施细则的论证。二是各种资源的统整：以各年级组为单位，每个节点性活动前期，各个成员校同步开展年级组例会，年级组长之间进行沟通和协调，统配教学设计和经验总结的任务，每一次节点性活动均要形成教学设计、课例反思和微信报道。各成员校间对同一工作的互相支撑，减轻了一所学校研发课程的负担与压力，同时可以互相借鉴做法，得到下一次活动的新启发。

最后，尊重校区个性发展。如果说核心校的理念是“魂”，成员校则是“体”。“体”的差异发展不能缺失“魂”的共同引领，“魂”的共同引领也要保障“体”的差异发展。各成员校要在集团统一规划的基础上，进行差异化发展，进行个性化的创造。如华润小学提出“城市小学生劳动实践圈”的概念，建立家庭劳动圈、学校劳动圈和社会实践圈，涵盖了学生可以参加劳动的三大空间。家庭劳动利于建构和谐的家庭关系，学校劳动赋予劳动教育的育人价值，社会实践指向孩子对社会生活的适应性，三者结合，最后形成“处处有劳动，时时有劳动，劳动促成长”的理念。凤凰新城实验小学的学生较多是跟随父母从外地迁入的常州新市民，身上带着不同地域的文化特色，能很好地实现文化的互相融合。针对这一学生特点，凤凰新城实验小学开展了丰富多彩的学生节点性活动，让学生活动成为聚集学生合力、实现文化共融的载体。龙城小学依托其师资力量和学校办学背景，打造了体育特色课程，创造运动文化，同时设置多样的运动课程，给予学生选修的权利，将“爱健康、爱运动”作为学生培养的目标，发扬运动精神，给予学生身心的滋养。

像这样通过“移植”进行课程研发的集团成员校还有很多，如常州市实验小学教育集团的成员校平冈校区共同实施“林—树”式课程，解放路小学教育集团的成员校香梅小学共同参与“奥数课程”的建设，新北区龙虎塘幼儿教育集团的四个园区同步实施“乐享节日”活动课程……这些成员校与核心校之间是一种紧密型的关系，成员校在集团共同愿景的引导下，主动学习集团的学校课程建设模式，逐步认同并接受它，在核心校的引领、帮扶之下，以更加积极的心态投入集团的课程建设活动中，享受课程建设的成果，分享课程建设的经验。

二、嫁接式

嫁接，是植物的人工繁殖方法之一，即把一种植物的枝或芽，嫁接到另一种植物的茎或根上，使接在一起的两个部分长成一个完整的整体。

接上去的枝或芽，叫作接穗；被接的植物体，叫作砧木。在课程建设中的“嫁接”，是指成员校在核心校的引领、帮助、支持下，对本校原有课程不完备或欠缺的部分，进行补充、充实或改良，使原有课程更加周密、完整，彰显本校的课程特色，促进学校和师生的快速发展。在这一过程中，成员校的原有课程就好比“砧木”，补充或改良的内容就像“接穗”。

如常州市金坛区华城实验小学教育集团的成员校水北小学和尧塘小学，充分运用了“嫁接”的课程研发理念，实现了课程品质的提升。

水北小学起初确立了“求真存正，让绿色教育充盈着生命的快乐”的办学理念，以“生命教育”课程建设为突破口，以“绿色教育”为办学特色，独创了“五生课堂”：理解生命、热爱生命的“生命课堂”，顺应儿童成长规律的“生本课堂”，洋溢和谐、互助气氛的“生态课堂”，贴近学生生活的“生活课堂”，激发学生兴趣的“生动课堂”。在课程研讨中，教师们认为办学理念不够精练，“生命教育”课程架构不够具体，对“绿色教育”内涵解读还比较模糊，对“五生”内涵解读不够清晰，相互之间在内涵或外延上有重叠、交叉，经不起推敲。于是，水北小学充分结合核心校华城实验小学的“蓬勃生长”课程建设经验，对原有的课程进行补充，以“生长—生长教育—生长课程—生长课堂”为主线，重新架构“生命教育”课程，使特色更鲜明，逻辑更清晰，可操作性更强。

尧塘小学因地制宜开发了“花木教育”课程，但对“花木教育”课程的理解和架构不够深入：作为课程的实施者，仅把“花木”当作客体（眼前的一花一木）来看待；学校提出“花木育人”，也仅把“花木”作为物体，即作为“育人”的载体；当下学校的课程仍然做的是加法，即从“花木教育”课程变为“走进花木”综合实践活动课程，与其他课程是并列的，是外加的。在加入集团后，学校借用核心校华城实验小学的资源和力量，运用“嫁接”的理念对“花木教育”课程进行了改造和完善，构建了基于学生发展核心素养的“‘花·木’生长课程”，课程目标是让学生“做有个性特长的尧小人，像花儿一样美丽，像树儿一样茁壮”。其课程重新架构如下：

表3-1　尧塘小学“‘花·木’生长”课程框架

<table>
<tr><th>课程目标</th><th>学生发展核心素养要点</th><th>课程主题</th><th>课程融合</th></tr>
<tr><td rowspan="9">做有个性特长的尧小人，像花儿一样美丽，像树儿一样茁壮。</td><td>珍爱生命</td><td>爱“花·木”</td><td>生命教育课程（基础）</td></tr>
<tr><td>审美情趣</td><td>赏“花·木”</td><td>艺体健美课程（求美）</td></tr>
<tr><td>人文积淀</td><td rowspan="3">读“花·木”</td><td rowspan="3">阅读课程（求真）</td></tr>
<tr><td>人文情怀</td></tr>
<tr><td>健全人格</td></tr>
<tr><td>劳动意识</td><td rowspan="4">育“花·木”</td><td rowspan="4">科学探究课程（求新）</td></tr>
<tr><td>科学探究</td></tr>
<tr><td>问题解决</td></tr>
<tr><td>技术运用</td></tr>
</table>

再如常州市武进区清英外国语学校教育集团的新安小学，在核心校武进清英外国语学校的指导下，筹建了全国首个“乡村阅读站”，图书得到了大量增补，更对原本散状的阅读活动进行了改良。学校重构“乡村阅读站课程”，通过“注重阅读量的累积—设定课程阶梯阅读—学科教学内涵渗透—开展阅读活动”的框架进行阅读实践，积极打造校园阅读文化，发挥阅读课程的效能，帮助学生走向更广阔的天地，让农村孩子也能自信地插上梦想的翅膀。新安小学改良后的“乡村阅读站课程”在省内外产生了广泛的影响。

由此可见，在集团化办学背景下，成员校运用“嫁接”方式进行课程建设，其主要方式是补充和改良，其核心是将已有的课程优化，将不完善变得完善，积累课程开发经验，获得课程建设成果，提升课程建设信心，为今后继续高品质地研发课程奠定基础。当然，这也离不开核心校的积极引领、帮助和支持。

三、风媒式

以风作为授粉的媒介，靠风媒传粉的植物被称为风媒植物。在自然界中，“风媒传粉”是一种原始的传粉方式，很多植物借助风传播花粉，使距离较远的雌株受精，孕育新的生命。我们可以借鉴这种植物繁殖的方式和理念来理解课程建设。在集团化办学中，核心校和成员校之间可以通过类似“风媒传粉”的方式建立内在的课程文化联系，当然，各成员校也会受彼此同类课程影响，自主创生出新的高品质课程。

课程作为学校为实现教育目标而选择的教育内容及其进程安排的总和，在办学中居中心位置。集团化办学不是办连锁店，不是简单复制核心校的办学模式，需要秉持“和而不同”的价值追求，在“共享优质资源，同步课程资源”的基础上，成员校应该从自身的特色发展出发，实现优质课程资源的创生，独立构建独一无二、品质上乘的校本化特色课程。自主创生的能力可以为课程建设提供丰富资源和无限可能。

以常州市钟楼区卜弋中心幼儿园课程建设为例。卜弋中心幼儿园是一所农村幼儿园，园所建造早，但有着得天独厚的生态环境，犹如“天然氧吧”，是孩子们学习生活、运动游戏的绝佳场所。在集团化办学的背景下，该幼儿园成为钟楼区刘海粟幼儿美术教育集团成员校。该集团属于松散型结构模式。

卜弋中心幼儿园从集团的“拙趣”特色课程示范指导中汲取课程建设的营养，基于游戏精神，不断寻求环境资源利用、园本课程建设、教师成长、幼儿发展的路径，进一步利用农村社区资源提高教师和幼儿进行美术创想的能力，以及制定实施策略、细化操作路径等的能力，从而开启了“野趣田园”园本课程建设的探索之旅。

受“拙趣”课程建设的启发，卜弋中心幼儿园意识到教学资源开发与利用是落实幼儿美术活动的重要保证。于是，教师们借助多元农村社区资源的运用与开发，尝试运用丰富的美术工具，融合多领域渗透的教学模式，加上“借形想象”创意幼儿美术的表现形式，开发各年级主题背景下的、适合幼儿发展水平的幼儿美术系列活动内容，分析幼儿美术教育活动、幼儿美术游戏活动的可行性、难易程度，积极进行师生互动的生成教学模式的探索，使之形成整合的、循序渐进的内容体系，使传统、单一的幼儿美术活动内容不断推陈出新。

卜弋中心幼儿园还根据小、中、大班幼儿的年龄特点、主题活动课程背景、目标要求和农村社区资源利用状况，从教师、家长、幼儿三个维度出发，挑选、整理出适合各年龄段幼儿进行幼儿美术活动的自然资源、人文资源、环境资源等相关课程资源，进而完善幼儿美术教学资源库的建设。

如何优化教师在幼儿美术教育活动中的指导策略，提高幼儿自主学习、表现能力？卜弋中心幼儿园从“拙趣”课程示范中发现，这是幼儿美术教育活动课程建设中的重点，于是开始积极探索主题开展过程中如何以最有效、最适合的方式，引起幼儿对美术活动的兴趣，提高幼儿在美术活动中自主学习的能力，以及帮助教师在幼儿美术教育活动中融合多种教育途径和方法。经过三年的实践，卜弋中心幼儿园建立了四大教育模式（领域渗透模式、情景教学模式、社会实践模式、生活教学模式）、四大学习模式（集体式学习、区域式活动、生成式学习、亲子式学习），并逐个进行论证，还建立了多元化的教学评价体系。

卜弋中心幼儿园以“风媒”的方式进行课程的自主创新，改变了原有的美术活动内容和形式，依托四大活动（“童谣童画”创意美术活动、“节日节气”美术写生活动、“生活情境”美术写实活动、“资源利用”综合美术活动）展开实施，坚持以内在兴趣激活幼儿的美术表现欲望，灵活、机动、开放、自主地开展美术活动，从而真正提升幼儿发现美、表现美、创造美的能力。同时，教师获得了成长，园所文化得以明晰，园本课程特色也得以彰显，产生了一定的课程影响力和辐射力。

可见，当集团内各校属于松散型结构模式时，成员校在遵循集团共同愿景的前提下，还需要保持自己独立的文化和精神，这时可以尝试运用“风媒式”进行课程自主创新，其关键点是融合与创生，建构属于校本特色的课程，与集团内各校形成“和而不同，美美与共”的格局。

综上所述，无论是核心校还是成员校，都需要重视自身课程建设和发展。特别是成员校，要有选择地吸纳核心校课程建设的优秀成果，运用“移植式”“嫁接式”“风媒式”等策略，建立和完善自身的课程体系，促进优质教育资源的合理配置，从而进一步提升整体办学水平。

第四章

集团化办学课程的共享实施

课程既是育人的载体，也是学校文化的载体，集团内各校形成共同的价值追求，在育人模式与学校建设上相互借鉴、合作共建，一方面会激发课程共建共享的需求，另一方面也会促进集团整体教育品牌的形成。

集团化办学课程的共享实施是“和而不同”的，在国家课程的执行上，集团成员校都要能够为每个学生提供全面丰富的学习经历；在国家课程校本化实施上，集团成员校通过内部研修、平台合作、专家指导，共享核心校优质课程资源；在校本课程特色培育上，成员校根据自身校情，创设独具本校特色的校本课程，从而建设实施全面多样、品质上乘的学校课程。由于核心校与成员校之间的组建关系不同，集团化办学课程的共享实施呈现出多样的形式。

第一节　紧密型教育集团课程一体化共享实施

紧密型教育集团的课程一体化共享实施，是以集团核心校为主体，集团通过管理重构、资源重组，实现一体化办学，达到整体提升办学水平的目的。紧密型教育集团的课程一体化共享实施有利于打破集团各成员校之间的壁垒与障碍，促进整个集团的有效运作，加大课程资源共建共享力度，增进集团内各校间的合作，从而提升办学水平。

一、紧密型教育集团课程共享实施的基本特点

紧密型教育集团整体实施跨校课程，首先要推进集团课程的整体设

计，要求集团深入调研，在分析诊断的基础上，制定课程发展规划，使之成为各校共同发展的目标与行动蓝图。其次，进一步优化集团课程的管理，赋予核心校更大的统筹权，构建日常运作机制，提升统筹管理水平，通过构建学校管理层信息交流平台、部门间沟通交流平台、教师间教研交流平台、学生间活动交流平台和网络交流平台等，实现“目标统合，求同存异”的集群差异发展。

（一）统一的集团课程管理机构

紧密型教育集团各校区文化一脉相承，怎样整合优势资源，协调课程实施，达成集团的价值追求，是集团课程实施首先需要思考的问题。由于各成员校地理位置的分隔，要想高质量实施集团课程，拥有一个精干、高效的集团课程管理机构是首要前提。形成由来自集团各个成员校的行政人员和骨干教师组成的课程管理机构，可以有效保障集团课程实施的扎实推进。

如常州市博爱教育集团针对一体化办学制定运行机制：集团总校长和三校区执行校长形成集团一体校决策层，总体把握学校发展方向，并对三个校区工作全面负责；由各分管校长与发展策划部、教师发展部、学生发展部、后勤保障部四个部门形成四大工作条线，制定本校区的工作策略和计划，由各校区执行校长总体负责落实。

又如常州市实验初级中学教育集团在组织架构上，成立了由集团校长、分校执行校长、课程骨干与教师代表组成的学校课程发展管理委员会，主要负责对集团学校课程的发展进行整体规划，调配教育资源，吸纳国内外课改、教改经验，组织教师培训学习，审批课题项目，监督、评价学校课程建设情况。在管理层级上，集团校长对集团课程负总责，分校执行校长在集团总规划的指导下，引导师生结合分校实际情况进行规划，部门主任、年级组长和学科组长则负责具体实施，并对学校的课程实施情况进行检查与指导。在课程监控与评价上，由集团学校课程发展委员会制定考核激励制度，借助各类平台，对总校和分校的课程建设进行统一检查和考核评价。

博爱教育集团的“决策层+四大工作条线”和实验初级中学教育集团的学校课程发展管理委员会都是集团课程实施的“司令部”，这样的课程管理机构是集团课程实施的重要前提。课程管理机构形成常态化的例会机制，通过不断的调研、反馈、沟通、协作，保证紧密型教育集团的课程实施令行统一、标准一致，是集团课程实现育人价值的有力保障。

（二）同步的集团课程实施规划

课程规划是一所学校课程育人是否专业化的第一表征，作为一所学校，如果没有对学生在这所学校中要经历的全部可能的课程做一个科学预算的话，我们很难说这所学校的课程育人是专业化的。①

编制集团的课程规划是一件精细化的事情，要与国家培养目标对接，与集团历史、地域以及所处时代相吻合，需要对集团课程内容进行结构化的安排，要对课程实施与评价的方式的可行性进行考虑，要对保证方案落实的资源、组织、措施等进行保障性的策划。紧密型教育集团课程的实施规划，应当讲求协调一致，统筹集团各方的资源，符合集团的课程理念。

如常州市新北区新桥实验小学教育集团整体策划德育课程内容，研制活动课程目标，架构德育课程体系，形成以主题类结构德育课程为依托的纵横融通式德育新样态。“纵”指向凸显“生命成长节律”的学生年段需求和发展目标之间的螺旋递增。“横”指向活动内容之间、综合能力发展之间的互相融通，因此在活动内容的选择和编制上要讲求渐进性，以主题化、统整性原则对德育活动课程进行系统编排。

整体架构：根据德育活动综合性内容，以七种颜色串联起不同类别的德育活动内容，整体架构了学校德育活动的主要框架。

① 张菊荣：《集团化办学中的学校课程规划》，《教育视界》2019年第19期。

表 4-1 新桥实验小学教育集团德育活动框架

名称	内容	经典活动
金太阳行动	爱国主义、民族精神与传统文化教育、理想教育	9月民族精神月活动，“英雄魂、中国梦”民族英雄故事演讲比赛，传统节日、国庆节、建队日等庆祝活动，各年级仪式教育
橙风铃行动	安全教育活动	紧急疏散演练，自护系列班队活动，安全知识讲座和展板
红丝带行动	手拉手，献爱心活动	红领巾义卖活动、春节为贫困生捐款送温暖活动
青草地行动	民主、法治、道德、纪律教育	红领巾志愿者值岗、各类法治报告和宣传活动、“做守礼仪的小主人”常规教育活动
绿森林行动	环保教育、生命教育	3月生命教育月活动，绿森林小队活动，制作环保标语、节水标语，给植物挂牌，开展环保小课题研究等
蓝海洋行动	外出实践活动、阅读活动	春游、秋游，德育基地活动，寒暑假评选蓝海洋阅读实践之星
紫藤花行动	学校诗意与创新活动	儿童文化节之诗歌文化节、体育文化节，科技创新活动

横向架构：在同一年级培养中，应基于不同的主题，从多元维度来综合选择活动内容，以丰富学生的人生观。

表 4-2 “小队合作”主题横向整体架构列表

课程主题	活动主题	课程内容	一级目标	二级目标
我是会合作的小学生	小队成立啦！	建立小队，为小队起名字，设计队旗、队徽，编写队歌	形成合作小团体，初步培养团队意识	
	最强小队来啦！	以小队为单位进行体育或游戏竞赛	锻炼小队长领导力和队员分工合作能力	

（续表）

课程主题	活动主题	课程内容	一级目标	二级目标
我是会合作的小学生	小队谁最棒？	进行小队活动阶段性小结	激发反思意识，促进小队成员相互学习，以及自我超越意识	领导力 分工合作 沟通协作 互相学习 共同进步
	“队队”碰，对对碰	进行以小队为单位的主题活动开展及汇报	形成小队间良性竞争，激发小队间相互取长补短、共同进步的意识和能力	
	有“队”真精彩！	小队承担班级层面的活动策划及组织	小队精诚合作，共同负责整个活动过程，综合素养得到提升	

纵向架构：有些活动可以成为年年都开展的经典活动，这样的活动往往不需要太多的创新，关键是要做实、做深，把一个活动做得精益求精。另外，有些活动是需要系列设计、整体架构的，能够体现学生活动的前沿后续，让学生在层层推进的过程中，体验到自己的快乐成长。这样纵向的长程考虑，可以把一个活动做得更人性化、更丰富、更精彩。

表 4－3 “学会感恩”主题纵向整体架构列表

年级	年段目标	课程序列	德育课程目标
一年级	和谐亲子关系	感谢家人	对家人有礼貌，为家人做力所能及的事。
二年级	和谐师生关系	感谢老师	听从老师的教导，珍惜老师的劳动成果。
三年级	和谐伙伴关系	感谢伙伴	对别人的帮助说谢谢，主动帮助别人。
四年级	集体精神建设	感谢集体	积极参加学校各项活动，维护集体荣誉。
五年级	担当意识建构	感谢社会	主动参加社区活动，关爱身边的人和物。
六年级	责任意识建构	感谢母校	为母校增光添彩，用行动为学校代言。

新桥实验小学教育集团在制定集团课程实施规划时能够充分考虑各种资源的汇聚、整合、利用，通过对课程资源的梳理、筛选，促进集团课程的多样化实施。在集团化办学背景下，新桥实验小学教育集团通过德育活动体系整体架构，让优质教育资源、优质活动资源、优秀活动开展的策略得到最大化的辐射，形成集团内部德育活动蓬勃发展的局面。

（三）协调的集团课程推进步骤

无论是集团课程的育人理念还是课程实施规划，都必须通过扎实的课程推进活动，才能真正实现理念的落地与立德树人目标的达成。但同时课程的实施又受到很多条件的影响和制约。“因此，课程实施管理一方面必须根据这些条件灵活地进行，另一方面还必须不断地完善影响课程实施的条件，从而逐步推进课程实施。”①

紧密型教育集团的集团课程具有高度一致性，因此集团各成员校在课程实施的过程中要进行实施路径的统整并相互支撑。要实行阶段节点研讨制、重点项目攻关制，按时序阶段分项突破，通过实行管理互通、师资共享、研训联动、质量共进、文化共建、项目合作、捆绑考核，逐步实现集团课程规划中的相关课程内容及实施细则的有效落实。

> 如常州市新北区三井实验小学教育集团经过10年的探索与实践，积累了一系列“全息阅读”的实施策略，立足课程顶层设计，聚焦内容体系架构，着力资源开发，形成“儿童全息阅读”课程建设方案。借助全息阅读形成的成熟的研究路径和方法，三井实验小学教育集团制订了阅读课程“四阶十步”的推进步骤。
>
> 酝酿准备：主要任务包括成立项目实践小组，梳理前期研究成果，进行项目小组人员的分工，明确具体的研究任务，规划时间跟进、经费使用，制定学校项目研究行事历。
>
> 实施推进：首先根据项目规划进行集团阅读课程的整体实施方案架构；其次在全校范围以及涉及的家庭、社会等场域推进方案

① 林德全：《论课程实施管理的内涵与原则》，《天中学刊》2008 年第 1 期。

实施。

评价总结：在实施过程中对项目内容、人员进行跟踪评价。对学生、教师在“儿童全息阅读”课程实施过程中的改变进行总结，形成有推广性的经验。对家庭在课程实施过程中的改变进行梳理，并向家长反馈。将研究成果进行汇编，形成出版物。

推广辐射：向内，在省市区进行课程实施汇报与交流；对外，让有研究成果的教师到各地去宣讲，推广研究成果。

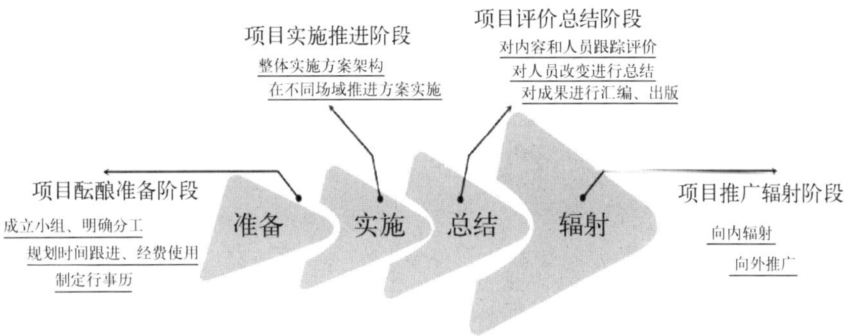

图 4-1　“儿童全息阅读”课程推进步骤

常州市新北区三井实验小学教育集团建立以制度体系为框架、以规范程序为纽带的集团课程推进机制，实现了各成员校之间实现工作中的互相支撑。集团以各年级组为单位，每个节点性活动前期，各个成员校同步开展年级组例会，年级组长之间进行沟通和协调，统配教学设计和经验总结的任务；每一次节点性活动均形成一套完整的操作流程与方案，集团各成员校课程推进工作步调一致，有力保障了集团课程按序推进、深入实施。

二、紧密型教育集团课程共享实施的基本策略

紧密型教育集团在集团课程理念的引领下，本着互帮互助、资源共享的原则确立了课程发展的共同愿景。此外，还创设了平等、民主、信任的对话空间，在这种空间中，成员校不仅具有执行课程方案的义务，而且拥有参与课程决策、制定课程方案和表达自己意愿的平等机会。成

员校在相互尊重、真诚交流的过程中，感受到共同体带来的安全感与归属感，并按照一定的策略积极主动地参与到课程建设中，最终收获集团课程建设的成果。

（一）形成共同的课程文化

课程文化是学校文化的重要组成和集中体现，是人们在学校课程实施过程中长期积淀而成的意识形态、文化形态和课程主体在运行过程中所蕴含并呈现出来的文化特质。①

课程文化可分为课程精神文化、课程规范文化、课程行为文化和课程物质文化四个部分，其中课程精神文化是学校课程文化的核心和灵魂，是学校在长期的教育实践过程中，为谋求发展而精心培育并与学校个性相契合的一种主导意识，如办学理念、人才价值取向、科学态度、探索精神、人文素养以及文化自觉意识等。

紧密型教育集团办学思想与理念的统一最核心的表现就是课程文化的统一，规范、行为、物质都只是课程文化的外在表现，只有做到深入内核的集团课程文化的统一，才有可能产生真正的、深刻而持久的变革。

如常州市武进区遥观中心小学教育集团根据核心校遥观中心小学与南塘桥分校之间存在文化差异的现状，提出以“和雅”理念促进文化融合，以“和而不同，雅而有致”对学生进行勤学、修德、明辨、笃实的价值观引领。在这一精神的指导下，集团也确立了课程文化建设的主要目标：着力推进“和雅教育”课程研究，以创设“五雅”（雅德、雅智、雅行、雅趣、雅创）课程为平台，坚持“德才兼备、以德为先”的人才观，从六个维度努力培养兼具“雅德性、雅智慧、雅身心、雅兴趣、雅创新”特质的“和雅”少年，进而实现“教育，是一种对生命的‘营养’”的共同愿景。集团倡导“和而不同，雅而有致”的课程文化，不断丰富以“引领—融合—激变”为线索的课堂文化内涵，全力打造继承江南文脉的个性课堂，

① 许晓林：《关注内涵建设：从课程到课程文化》，《济南职业学院学报》2010 年第 1 期。

以发现“真实问题”，破解“敏感议题”，挖掘“微小话题”，探寻“专项论题”，立足“现场课题”为抓手，形成百花齐放的“和雅”课堂新气象。

课程文化建设是一项系统的工程，也是一个循序渐进的过程。在这个过程中，需要以集团核心价值理念为引领，借助核心校在长期课程实践与反思中逐渐形成的课程价值理念，确立集团课程文化，通过顶层设计和建章立制，不断完善课程价值内涵和实施机制，让教师产生心理上的认同、情感上的趋同，从而保障集团课程实施的顺利推进和目标达成，最终实现集团课程建设的成功。

（二）实施一体化的课程培训

教师是课程实施最重要的资源和保障，教师的业务素养与工作能力决定了课程最终的实施效果。为确保集团课程实施的质量，要以核心校为主阵地，统整成员校骨干师资力量，开展集团内一体化的课程培训，缩小校际差距，保障课程实施质量。

紧密型教育集团要积极探索共同教研、共同科研、共同培训、共同发展、共享成果的一体化课程研训模式，核心校要充分发挥示范引领作用，各成员校要齐头并进。同时，要打通集团内教师流通的渠道，通过学科骨干教师的引领，推动集团内师资的优质均衡，创造出和谐共生的发展格局。

如常州市博爱教育集团通过多元研训互动计划，提高集团教师创生力。集团利用信息技术进行日常网络交流，建立学校行政群、教研组长群，在管理、教学等多方面进行即时交流和研究，分享集团各校区的教育教学新动态，相互学习，让思维碰撞。

集团以课堂教学为突破口，通过骨干教师的示范课、课题研讨课、汇报课及课后评课等方式，每月开展交流研讨、同课异构、主题沙龙等活动。通过这些活动提升成员校教师的课堂教学水平，密切成员校教师间的往来，感受不同校区的校园文化，提升各校区教师的文化认同感。

此外，还建立集团教师成长链，通过举办“集团领军教师课堂教学分享”活动发挥引领作用；通过“集团骨干教师课堂展示”活动发挥示范作用；通过“相约星期三”活动，对集团青年教师进行入门培训，加速青年教师成长。

又如常州市武进区实验小学教育集团建立无边界管理群，打通校区的壁垒，组建学科联盟。集团将各校区同学科教师分为4个类别：工作5年以内的新入职教师、工作5—10年的成长期教师、工作11—20年成熟期教师、工作20年以上的已形成独特风格的教师。通过对各校区教师年龄段的摸底，借助教师流动进行通盘规划，重新组合，避免某个校区某一年龄段教师扎堆的现象，从而让所有校区所有学科教师在年龄、教学资历、教学经验等的分布上更趋均衡，从而带动各个年龄段教师的工作积极性，让教师在流动中找到最适合自己的位置。

在师资培养的顶层设计上，博爱教育集团和武进区实验小学教育集团做到了统一调配教师资源，优化师资要素配置，使得集团化办学效益最大化。在集团化办学背景下，不同层次的教师汇集成为共同体，但如果内部成员未能形成共同的愿景和共同的奋斗目标，则在本质上不能算是成功构建了共同体。形成专业发展共同体，目的在于使集团内部成员能够接受共同的奋斗目标，形成共同意识，产生强烈的团体归属感，使以往的“我的教学”走向“我们的教学”，在集团中积极主动承担相应的责任。当然，在集团教师的培训、交流中要注意做到以人为本，做好教师的保障和激励工作，在充分尊重教师意愿的基础上，不断提升教师的积极性，形成一支民主、开放、和谐、合作的教师队伍，从而更好地保障集团课程的有效实施。

（三）实现统一的课程管理

在紧密型教育集团课程实施的过程中，要成立集团课程管理组织，对集团课程的实施进行整体协调和管理，统一调配教育资源，统筹策划课程节点活动，制订课程实施评价标准，并对课程的实施情况进行检查与调研。一体化的集团办学模式，更追求集团课程实施中的步调一致性、标准统一性，在过程性管理中实现优质资源的高位均衡。

> 如香梅小学2012年投入使用后就与解放路小学组建了教育集团。集团实施一体化办学，做到“五个统一”：统一办学理念，统一管理模式，统一师资配备，统一质量监控，统一课程设置。围绕“好奇求真”的理念，两校师生共享头脑奥林匹克特色课程项目，共建头脑奥林匹克课程基地，实现互惠。
>
> 在头脑奥林匹克课程实施过程中，两校实现课程资源的统一调配。香梅小学头脑奥林匹克课程基地向解放路小学借力，共享“2216”。第一个“2”指两场馆——头脑奥林匹克训练馆和水中头脑奥林匹克训练馆。第二个“2”指两空间——班级创意空间和年级创意空间。“1”指建设一个头脑奥林匹克网站。“6”指利用周边6个实践基地。香梅小学学生与解放路小学学生一起在头脑奥林匹克训练馆学习，去水中头脑奥林匹克训练馆实践创造，在头脑奥林匹克网站上，两校师生对话，并走向6个实践基地，共同成长。
>
> 在头脑奥林匹克课程实施过程中，两校实现节点活动共同开启。夏季头脑奥林匹克课程与冬季跨年嘉年华，两校共同设计方案，共同开启活动，倡导走校交流。香梅小学和解放路小学共同研制了头脑奥林匹克评价机制，激发师生创新动力，不断追求卓越。对教师的评价设立了双层平台，评选“最智慧课程实施年级”“最丰富课程资源包”“最富有创意课程设计”等单项荣誉，表现突出的教师可以申报“姜椿芳杯”综合荣誉奖。对学生的评价从普惠课程、升级课程、旗舰课程三维设计，着眼于学生的创新精神、实践能力，纵向延展评价渠道，激励学生自我突破、走向卓越。

常州市解放路小学教育集团充分挖掘和发挥各成员校的办学经验与优势资源，做到了“五个统一”的一体化办学实践模式。由此可见，紧密型集团化办学模式下的课程共享实施不是简单地以核心校覆盖其他学校，而是要在辐射中有担当，在共建中有引领，在分享中有悦纳。通过资源的共享、课堂的互通、节点的联动、评价的介入，带动各成员校更自主地发展，形成合作共赢的良好局面。

综上所述，紧密型教育集团课程实施需要依据核心校优质课程资源，遵循集团课程规划，着力于教师培训，着眼于课程文化，聚焦资源辐射，统一管理和评价。只有这样，才能更好地促进教育集团课程一体化发展。

第二节　松散型教育集团课程融合式共享实施

松散型教育集团是在集团化办学的过程中，以某一优质学校作为核心校，各个成员校的人、财、物以及法人资格均保持独立不变，通过集团的调控实现资源的共享和互补的松散型的合作模式。这种模式可以迎合多种办学需求，接纳各种性质和隶属关系的成员校加入集团。

松散型教育集团的成员校在保持自己学校原有的传统与特点的基础上，充分利用集团化办学带来的资源促进自身发展。一方面，借助核心校优质的课程、教师资源，快速提升自己的办学水平与课程实施水平；另一方面，本着错位发展、互通有无、优势互补的发展理念，在集团成员校之间创设平等对话的空间，在成员校相互尊重、真诚交流的过程中，感受不一样的校园文化，感受不一样的活动体验，从而进一步丰富集团课程的内涵。正是由于这种合作模式具有良好的灵活性和融合性，松散型教育集团课程的实施呈现出了丰富的形式与样态。

一、结对帮扶式教育集团中的课程共享实施

结对帮扶式教育集团是由一所优质核心学校和若干薄弱学校组成，各成员学校在保持学校法人、经费运行、隶属关系不变的前提下，由核心校向被帮扶学校派驻管理人员和教学骨干，在教学计划、教学常规、教学进度、质量评价、教研活动、教师培训等方面制订帮扶计划，共享优质教育资源和管理经验，提升被帮扶学校课程实施水平。

由于结对帮扶式教育集团内的核心校与成员校在课程理念、教师资源、社会力量等方面存在着较大的差异，因此结对帮扶式教育集团课程的实施往往会先由核心校进行牵头引领，从课程的规划、实施、评价上给予成员校必要的扶持和帮助，而薄弱成员校在核心校的帮助下往往会从模仿走向创生，在集团核心理念的引领下，逐步走出一条适合自己校情的课程实施之路。

（一）核心校的引领示范

教育集团往往是基于一所名校发展起来的，要深入剖析核心校的特点，将核心校形象作为集团内学校形象、教师形象、学生形象的代表，更好地彰显集团品牌，在课程建设、管理、实施等方面成为引领成员校的“旗舰”，并带领整个集团扬帆远航。

核心校要着力以课程文化为引领，建立集团课程规划与标准，并根据集团成员校的实际情况，对成员校的课程实施提供帮助，进行带教或走教。同时要利用自身人才高地的优势，帮助成员校提炼办学内涵，设计开发课程，提升成员校的课程建设水平。

> 2017 年，武进清英外国语学校联合常州大学附属小学、武进区新安小学、武进区戴溪小学，组成了常州市武进区清英外国语学校教育集团。总校清英外国语学校是一所民办学校，而集团内其他 3 所学校皆为公办学校。其中，戴溪小学和新安小学为农村学校，常州大学附属小学为区域“新校”。采用“名校 + 新校”“民校 + 公校”的模式组成教育集团，目的就是让更多的孩子在家门口就能享受优质的教育，让清英外国语学校的优秀师资队伍、课程设计、管理理念、评价体系能够输送到薄弱公办学校。这样的集团化办学模式在常州市范围内独树一帜。
>
> 清英外国语学校以“国家课程校本化实施”的思路，整体构建具有清英特征的课程体系；从实际出发，研究制定课程实施方案，广泛征求领导、教师的意见，宣传课程建设理念，确定课程在集团内实施的内容、实验的年级和班级，制定相关制度，同时指导各校

课程建设工作。各成员校根据学校实际情况，特别是师资构成情况，确立实施校本化研究的重点学科，确立各自主攻方向，由清英外国语学校学术委员会牵头，配备市、区级骨干教师等学科优秀教师，组成研究和实施团队，确定实践的年级，运用科学的研究方法有序推进。经过各成员校的实践，汇总成功经验，确立新的课改内容，在集团中推广。为保证科学性，清英外国语学校成立以集团管理组、指导组、学校发展顾问委员会、教师专业发展委员会人员为主要成员的教育集团课程体系建构评价组，负责各项课程标准的审核和具体的评价工作。

集团化办学的基本出发点是实现集团学校内部在理念、资金、人力、信息等方面的资源共享，这是集团化办学产生整体效应的保障。在课程建设中，核心校成熟优质的课程资源是成员校课程研发最易得的资源，武进区清英外国语学校教育集团通过核心校课程资源的共享，有效促进了优质教育资源的配置和充分利用，在出名师、育英才方面起到了引领作用，在课程管理、特色课程建设等方面成为引领的“旗舰”，并带领整个集团扬帆远航，促进了集团学校整体办学水平的提高。

核心校对帮扶成员校课程实施的引领示范，不仅要体现在课程理念的高位引领上，还要更多地化为日常实施中的上门帮教与传经送宝。目前，常州的结对帮扶式教育集团在课程实施过程中，普遍采用了城乡牵手、送教上门的形式，形成骨干教师带教、专职教师走教、优秀课例点教和青年教师支教的“四教”模式。

如2016年2月，在天宁区举行的教育现代化建设推进会上，常州市博爱教育集团与焦溪小学正式牵手。博爱小学英语学科负责人高洁老师成为首批参与常州市牵手行动的教师。由焦溪小学全体英语教师和博爱小学4位优秀英语教师组成教研共同体，在高洁老师的高位引领下，每月至少集中开展一次联合教研活动。

在此之前，绘本教学对于焦溪小学的师生可以说是遥远而陌生的，对它的了解更多停留在听课观摩层面。是高洁老师带领大家走近了美妙的绘本教学，知道了什么是绘本教学，以及如何进行小学英语绘本教学。焦溪小学英语组教师自费购买了“跟上兔子”系列、“牛津树”、“小学英语分级阅读”等绘本，带领孩子进行个性化的阅读学习，形成自己的“阅读存折”。还积极尝试了《Just be yourselves》公开课教学，和学生一起感受主人公雨燕 Nick 由自卑到自信的成长历程。

课例研究是博爱小学的一大亮点项目。什么是课例研究？为什么要进行课例研究？如何进行课例研究？高洁老师围绕这三个方面开展了一次微讲座，并提倡大家在平时的教学反思和听评课活动中积极地加以运用。2016 年 11 月 24 日，焦溪小学的陈红妹老师和博爱小学的戚云子老师分别执教了四年级《Unit 7 How much?》和三年级《Unit 7 Would you like a pie?》的 Story time 板块。过后，大家围绕问题的设计和环节设置的优化两个方面进行了课例研究，加强了对课堂教学的反思和重建，实现了教学研究与教学实践的完美对接。

结对帮扶式教育集团的核心校最大的优势体现在资源上，特别是人才资源上，集团在形成价值共同体的同时要形成利益共同体，共享人才资源。一方面，要通过送教、培训等形式，将优质师资输送到各成员校内进行授课指导，并对成员校年轻教师进行相关教学指导；另一方面，要吸收成员校内的“潜力师资”进入核心校进行跟岗锻炼，全程参与课程设计、课程管理、资源开发等，帮助薄弱学校的教师快速成长。

（二）成员校的差异化实施

结对帮扶式教育集团中的成员校作为薄弱学校，与集团核心校相比，师资、生源、设施存在着一定的差距。这种合作模式中，薄弱成员校通常被看成是一个简单的资源获得者，自身拥有的个性化资源得不到充分尊重和有效开发，导致无法有效激发自主发展的积极性。

对结对帮扶式合作机制的理解和利用需要超越“差距合作”的传统

思维，实现从“差距合作”向“差异合作”的转变，拓宽校际合作的视野，如此才能保障校际合作实现最大的制度绩效。①

集团课程的差异化实施可以从同一主题，内容重构，或同一主题，时间重构上进行展开。

> 如自2015年凤凰新城实验小学正式加入常州市局前街小学教育集团以来，百年老校局前街小学的沃土便滋养着“初生”的凤凰新城实验小学。集团化办学下的凤凰新城实验小学将局前街小学百年积淀的历史文化底蕴、优良传统和自身发展情况相结合，延续“生命关怀”教育理念，并在此基础上打造了全新的学生活动的品牌。
>
> 凤凰新城实验小学是一所处于城郊的新学校，它年轻又充满生命力，其学生较多跟随父母从外地迁入，成为常州新市民，因此凤凰新城实验小学的学生身上带着不同地域的文化特色。学校结合局前街小学的教学理念，配合课程建设能够很好融合各地区文化，产生丰富多彩的效果。在局前街小学的带领下，学校根据儿童身心发展规律和认知规律，设计了学期节点课程、自然节气课程、人文节庆课程。
>
> 局前街小学每学期初的衔接课程中最引人瞩目的莫过于一年级新生的夏令营活动。凤凰新城实验小学紧随局前街小学步伐，同步开展这一主题活动。以2019学年第一学期一年级新生夏令营活动为例，凤凰新城实验小学学生成长中心从暑期讨论度比较高的电影《银河补习班》中得到灵感：璀璨银河里的每一颗星都在生命的时空里尽情绽放，因此夏令营活动围绕“星”来展开，一年级新生也有了个新名字——“星仔”。学生从幼儿园升入小学，开启了他们人生中一段全新旅程，而这个新名字饱含着期待：希望他们在局前街小学教育集团教育理念的引领下，在多彩课程的参与中，探索精彩的未来世界。基于这样美好的期许，学校将夏令营活动主题定为

① 吴华、戴嘉敏、吴长平、蔡忠明：《从“差距合作”到“差异合作”——发达地区县域义务教育均衡发展的新思考》，《今日教育》2010年第2期。

“星仔来报到，探索星未来”。

在这一主题引领之下，为了让学生更好地体验上学的乐趣，接触校园，感知礼仪规范，学生成长中心设计了6个关卡，分别是乘星启航、缘起星梦、礼仪明星、星际旅行、巧手点星、光盘之星，并配套了银河闯关卡。新生们通过完成闯关卡上的任务，极大地获得了满足感。

凤凰新城实验小学围绕集团“儿童成长节律”这一课程主题，从自己学校的特点出发，进行了差异式的生成，形成了“同题异构”式的课程实施行动。与之类似的，还有从清英外国语学校“易教育”理念延伸出的新安小学的“心安教育”理念，从清英外国语学校“和乐文化”拓展出的戴溪小学的“展翼文化”等。凤凰新城实验小学等学校借鉴核心校成熟的课程理念，对自己的原有课程进行重构与优化，实现了在集团理念下的差异化发展，真正实现城乡教育的沟通、互动，从而达到缩小城乡教育差距、实现均衡发展的目的。

结对帮扶式教育集团的核心校与成员校管理上强调“互动”而不是“联通”，因为不同学校的性质属性各不相同，其思维模式和运营模式也自然不同，应鼓励多元、平等、共融发展。最好的做法是在成员校需要提供帮助或者服务的时候，核心校协助他们把好脉、切准点、开良方，坚持尊重理解，坚持过程协同，真正做到精心培育、精准帮扶、精彩绽放。

二、校际联盟式教育集团中的课程共享实施

校际联盟式教育集团是采取“1+N”的方式组建的，即以1所优质学校为核心校来创建，其他成员校共享核心校的教育品牌，核心校对成员校的办学理念与学校管理模式具有影响力，但并不具有决策权。①

集团内各成员校之间在课程实施上实行管理互通、师资互学、研训联动、项目共研，实现资源共享、优势互补、共同进步。

---

① 周彬：《“名校集团化”办学模式初探》，《教育发展研究》2005年第16期。

（一）核心校探索先行

校际联盟式教育集团往往以一所名校作为核心校来创建的，但在集团课程实施的过程中，核心校对成员校的决策并不具有控制权与支配权，更多的是从学术、科研的角度来发挥核心校的影响力。

核心校的影响力来自于其自身的历史积淀、人才优势。因此，在集团课程的研究与实施上，核心校在集团内往往会处于领先的地位，而这些优质课程的探索先行，为成员校的课程研究与实施探明了道路，提供了经验和模仿、借鉴的良好样板。

> 常州市钟楼实验小学于2012年加入常州市实验小学教育集团，之后，由于学校规模的不断扩张，大量年轻教师加入学校。这些年轻教师给学校带来新鲜活力的同时，也显现出教学经验不足，课程开发、实施能力较弱的特点。
>
> 集团核心校常州市实验小学多年来进行“林—树”式课程开发，并通过专家的论证、长期的实践，使课程体系日臻完善，成为常州市实验小学的一张名片。钟楼实验小学语文学科也全面融入集团“林—树”式课程项目，跟着集团一起研究、实践，在参与过程中不断体会和理解课程项目对于学生成长的价值及对教师专业提升的重要作用。
>
> 2018年度，在前期融入、借鉴的基础上，钟楼实验小学努力探索自己的研究主题，全面开展“春华秋实”课程。一年级围绕桃花和桂花开展课程活动，教师们带着孩子，走近桃花和桂花；二年级围绕竹展开课程活动，让孩子们认知自然之竹，感受竹之功用，感受竹的高洁品格；三年级围绕银杏开展课程活动，孩子们在鉴赏中感受银杏品格的高贵，在银杏叶上书写绵长的诗句；四年级围绕樟树开展课程活动，观樟之形，闻樟之香，品樟之味，咏樟之韵；五年级围绕枫叶开展课程活动，学生们走出教室，投入秋天的怀抱；六年级围绕松树开展课程活动，引导学生从松之形、松之用、松之格、松之神四个方面进行研究。学生品诗赏文，由树及人，体会松

树精神，陶冶自己的情操。

“林—树”式课程是常州市实验小学教育集团的一张名片，而钟楼实验小学从自身的办学理念和学校传统出发，走出了一条从模仿核心校课程到创造本校课程的道路。实施内容的差异，体现了不同成员校的地域文化与历史传承；实施时间的差异，反映了成员校在核心校的引领下的成长。

核心校先行实施集团课程，成员校在此基础上进一步完善展开，不是简单地复制，而是进一步优化演绎。在集团化办学过程中，我们需要关注不同校园文化的融合与创造，不能一味地强调核心校的先进、前卫、前瞻。在融合的过程中，核心校不是去“改造”成员校，而是要以平等的心态去帮助他们提炼学校的教育特色。

（二）成员校间共享互联

校际联盟式教育集团课程建设过程中，既要处理好核心校与成员校的关系，发挥核心校的引领作用，又要保护各成员校办学的相对独立边界，处理好成员校之间的关系，即要能实现纵向衔接和横向联系，打破资源流通的壁垒，共创、共建、共赢、共享，真正实现“各美其美，美人之美，美美与共，和而不同”的集团化办学和谐共赢效应。①

就课程实施的资源融合而言，校际联盟式教育集团可联合各成员校的力量，将孤立、零散、碎片化的课程资源进行合并和统一规划，能够将集团内的不同成员校所具有的不同地域文化、优质课程资源作为集团课程实施的支撑，在各成员校合作的过程中，通过教育集团组织形式的运作，实现课程资源的效益最大化。

2013—2016 年，北郊小学、朝阳新村第二小学、青龙实验小学、红梅实验小学、东青实验学校先后以联盟校方式加入常州市第二实验小学教育集团。为增进常州市第二实验小学教育集团成员校之间的学生交流，让同学们认识集团各个成员校，了解其他学校的

① 崔学鸿：《集团化办学的关键问题分析与策略选择》，《中小学管理》2019 年第 4 期。

特色活动，集团将小学校与大集团、大社会勾连，制订了“小主人漫游大集团”的菜单式体验活动，面向集团联盟校发送活动邀请书。

表4－4 “小主人漫游大集团”菜单式体验活动

	特色活动内容	活动时间	活动地点	参与人员
第一站	缤纷小足球	2015年10月22日下午1点	朝阳新村第二小学足球场	各校1名足球领队老师和至少5名足球运动爱好者，1名小记者带队老师和5名小记者
第二站	畅游数字化	2015年11月18日下午1点	北郊小学综合楼一至三楼体验室	各校带队老师和5名小记者
第三站	遨游科技海洋	2015年12月21日下午1点半	青龙实验小学综合楼一至四楼社团活动室	各校带队老师和5名小记者
第四站	毅行吧伙伴	2015年12月31日8点	紫云小学	各校带队老师和5名小记者
第五站	鸡蛋撞地球	2016年1月8日下午1点	红梅实验小学综合楼五楼	3名参赛选手组成的参赛队和各校5名小记者

校际联盟式教育集团的成员校所处的地域、学生组成、学校既有的办学特色以及办学理念各不相同，因此学生发展的定位与实施培养的方式也不尽相同。在集团化办学的背景下，各成员校之间的差异也可以成为课程实施的资源。

常州市第二实验小学教育集团成员校之间游学式的活动课程的设计、组织与实施，充分了挖掘各成员校独特的教育资源，并进行整合与利用，使校园生活更灵动，让更多的学生了解到集团各成员校的地理位置、办学特色。同时，孩子们之间也增进了友谊，各校的课程资源也得到了最大程度的利用。

（三）项目化融合共创

校际联盟式教育集团是一种共生模式，各成员校资源相对均衡，办学各有优势。站在集团化办学的视角下，放大各成员校的优质教育资源，创生有助于集团内所有学生共同发展的活动项目，更好地发挥成员校之间的协同作用，是集团化办学背景下有效融合各校育人文化，互相学习，取长补短，实现学生有效培养的重要方式。

例如，常州市实验小学教育集团的智力运动会就展现了校际联盟式教育集团课程项目化实施的样态。

集团化办学模式把常州市实验小学双桂坊校区、常州市实验小学平冈校区、新闸中心小学、钟楼实验小学、邹区实验小学五所学校凝聚在一起。由于各个成员校所处的地域、学生组成、学校既有的办学特色以及办学理念不相同，学生发展的定位与实施培养的方式也不尽相同。

常州市实验小学教育集团中，常州市实验小学双桂坊校区学生数学类学习有特色，常州市实验小学平冈校区学生棋类特长明显，钟楼实验小学的航空模型相关课程独树一帜，邹区实验小学在创客竞赛中屡获佳绩，新闸中心小学科技类优势突出。在充分研究集团各校优势项目的基础上，经过多方科学论证，常州市实验小学教育集团设计了“银杏杯”智力运动会活动课程。课程旨在充分挖掘各校传统优势项目，努力为集团内师生提供互相借鉴、互相学习的平台，为学生提供展示自我、提升自我的空间和舞台。

活动先由各成员校中的数学老师、体育老师、科学老师组队研讨交流，确定数学类、科学类、棋类三大类活动课程。数学类在低、中、高年级分别开展“七巧板快拼”“24 点速算”“超级大脑”比拼课程；科学类开展“千变万化的魔尺”“纸模拼搭”“快手魔方”“雷鸟飞行”“吸管搭建”“鸡蛋撞地球”等课程项目；棋类共设置了象棋、围棋、国际象棋、五子棋课程。

集团各成员校确定了相应的活动课程，观看了相关的课程视频后，在本校先开展了人人参与的校智力运动会，选出参加集团智力运动会的选手。集团智力运动会比赛在裁判员和志愿者的服务下有序、高效地开展着，现场答题，现场评分，孩子们既紧张又兴奋。

数学类活动大家玩出了创意，玩出了激情，更玩出了乐趣；科技类竞赛也是精彩纷呈，这些项目不仅展示了选手们超强的个人能力，更对他们的合作能力提出了挑战；庭院里，近百名小棋手认真思考布局，谨慎出招，方寸之间颇有点“沙场秋点兵”的气势，选手们个个都乐在“棋”中。

可见，校际联盟式教育集团课程的实施，应该秉持“你来我往，优势互补，融合共建”的共享理念。在集团化办学背景下，集团学生活动项目的策划与实施，有助于打破学校既定的育人模式，充分挖掘集团成员校学生培养的特色和亮点，互相借鉴、互相学习优势项目，在集团共享理念的引领下，创生出丰富的活动课程，实现集团“抱团式”发展，为集团内学生创造出一片合作互赢、和谐共生的发展之林。

第五章

集团化办学课程建设的个性化创造

集团化办学的课程建设旨在以集团核心校为龙头，以先行研究中研发的成熟的课程为范例，助推集团内各校形成具有学校特色的课程体系，实现教育均衡发展。在此过程中，必然会涉及整体与局部、差异与统一、自我和环境、合作与竞争等相互关系的问题。在处理这些问题时，既要注重多样性的统一、差异的整合以及不同行为的协调、不同阶段的衔接，也要保证在合作关系下的个性化创造，使集团课程建设在整体布局的大背景下，实现合作成果的稳定性和多样性。

集团化办学课程建设个性化创造的核心是尊重：尊重每一所集团校的课程文化底蕴，尊重每一种教育智慧创新，尊重并放大集团校课程建设亮点，让集团课程文化与各校课程文化互相滋养，结出硕果。

第一节　集团化办学学校课程个性化创造的原则

课程建设，应坚持“以人为本，从儿童实际与需求出发，让教育成为‘自身经验创造者的历程’，让儿童‘学会如何创造自己’”。[①] 集团化办学背景下的课程建设，也应当从校情出发，从老师和儿童的需求出发，帮助集团内薄弱学校从借鉴名校走向自主卓越发展。因此，集团各校课程建设应遵循以下个性化创造原则。

① 宋晓丽：《从文化建设走向整体创生——集团化办学背景下薄弱学校的发展策略》，《教育视界》2019 第 7 期。

一、特色性原则

“所谓个性，不仅指每个人的个性，而且也意味着每个家庭、学校、社区、企业、国家、文化以及时代的个性。”① 课程特色是学校个性的体现，是学校文化底蕴的外显，因此，在集团化办学背景下，打造集团优质课程的同时，也要注重各校课程特色建设。

集团化办学课程建设的大格局下，学校特色课程百花齐放，方显集团课程品格丰富。如常州市博爱教育集团“一校多区”：常州市博爱小学的学习社区、怡康分校的德育与“三模”课程、龙锦小学的艺体课程，各具特色，彰显集团课程建设的“博爱模式”。又如常州市第二实验小学教育集团“一校一品”：常州市第二实验小学省文化品牌项目“新竹服务公司”、常州市北郊小学的E学习、常州市朝阳新村第二小学的民族文化、常州市红梅小学的童话节……这些特色课程都是常州市第二实验小学教育集团的一张张名片。

可见，集团课程建设只有秉持特色化原则，将各校特色融合，方能引领价值共赏，从而彰显集团课程独特魅力。但如何凸显课程特色呢？一方面，要加强潜在文化与学校文化概念的重建，② 对话学校文化，彰显教师个性、学生个性；另一方面，要在课程设置和课程内容方面增强本校课程的多样性、弹性和灵活性，推进学校素质教育，促进学生个性发展。

二、自主性原则

课程建设的自主性就是要求学校从实际出发，依据学生的需要，在对课程整合、创生的过程中，充分发挥校长、教师、学生的主体作用，共同参与、互相支持、协同建构。尤其是教师们，他们在文化自省和文化自觉的观念引领下，能充分了解学校文化内在的精神及其特殊性，并

---

① 国家教委情报研究室编《今日日本教育改革》，北京工业大学出版社，1988，第10页。

② 钟启泉编《现代课程论》，上海教育出版社，2006，第464页。

坚守学科的基本立场，保持学校课程建设发展的可持续性。在他们的努力探索和践行中，学校课程特色会一点一点清晰起来。

以常州市第二实验小学教育集团的课程研发为例，常州市第二实验小学教育集团中的北郊小学，本是集团中较为薄弱的一所学校，却借助第二实验小学强大的研究团队成立了学校 iMath 课程研发中心，负责组织编写 iMath 课程实施纲要，明确 iMath 课程目标，设计课程内容，推进课程实施和建构课程评价标准，自主系统架构 iMath 课程体系。虽说“他山之石，可以攻玉”，但要想成就自身之玉，学校课程研究者还是应保持理性，始终坚守住课程的学科立场这一“本体”，进而充分挖掘各种话语资源以便为我所用。[①] 尊重每一所成员校在集团课程的参与和建设，尊重他们所表达的个性认识、价值体现、智慧创新，使其嵌入集团课程整体架构的战略关系中，从而得到承认、支持和理解，这样的合作才更有利于实现各校课程的自主创新。

三、差异性原则

特色性原则和自主性原则决定了学校课程建设的差异性，各校由于办学基础、学科特点和历史传统的不同，形成了“此校与彼校之间自然存在的个性差异”。学校之间的差异性导致了各校对集团课程建设理念理解的差异，而这种理解的差异是通过不同的、个性化的课程来体现的。集团课程建设的理念要求尊重成员校的课程选择权和自主开发权，使他们能够按照自己的文化底蕴和特色资源来开展课程建设工作。因此，差异性原则有利于集团各校独特个性的形成，有利于各校从各方面提升本校课程建设质量。

以常州市金坛区华城实验小学教育集团为例，集团在课程建设的实践中，不断探索、梳理、整合原有课程资源，对成员校某些课

① 刘亭亭：《中国课程学术话语自主建构的困境及路径》，《课程　教材　教法》2018 年第 3 期。

程原有的优势予以保留，并与核心校课程的优势融为一体。“一主三翼”书香课程，是核心校华城实验小学语文课程教学推行的课改项目，取得了令人满意的成效。成员校河头小学的“群文阅读”课程项目也推行多年，但该校老师反映，“群文阅读”量太大，不太切合学生实际，是否可以尝试与“一主三翼”进行融合。于是，他们通过集团教研，开展“一主三翼”与“群文阅读”的对比课例研究，探索语文课程实施新路径，并取得了丰硕成果。

保持集团各校的差异性，某种意义上就是维护集团文化的多样性。集团成员校课程发展的理念和路径，仍以成员校组织成员和领导团队的决策为主，这样能使学校新的观念、措施、体系与集团课程发展理念创造性地结合，也让各校课程建设的能力得到增强。

四、创新性原则

著名政治经济学家约瑟夫·熊彼特认为，创新就是把生产要素和生产条件的新组合引入生产体系，包括产品创新、工艺创新或生产技术创新、市场创新、开发新的资源和组织管理创新。这是狭义的创新概念。广义的创新概念，是指人的创造性劳动及其价值的实现。① 按照这一理论，集团内各校在课程建设中创新，就是要着重思考影响集团课程建设的诸要素，并能集合本校之力，将已有课程资源重新进行组合以构成新的课程体系，其内容包括：第一，紧扣学生发展需求，开设新课程或创新课程内容；第二，依托技术发展，采用新的教学方法或现代教育技术；第三，着眼社会需求，培养适应社会发展的不同人才；第四，细化评价指标，组建新的课程管理组织机构，优化课程评价标准、评价方式和评价方法。为实现集团课程建设目标和实现各校在自身课程建设中的价值，课程建设的所有活动和内容，都应该体现创新性原则。

例如，常州市金坛区罗村小学生源大多为进城务工人员随迁子

① 刘斌：《基于应用型体育人才培养的“术科”课程建设原则》，《天中学刊》2016年第31期。

女，在集团中属于生源、师资等较为薄弱的学校。但学校能站在孩子的视角，反思并改进学校在现阶段实施的相对单薄的课程体系，启动“山娃看世界”体验式校本课程建设，优化课程结构，开发和实施“山娃看世界”体验式校本课程，并有序推进课程项目，给予学生历练的舞台，改变他们的学习环境、改善他们的成长条件，让学生在认识和活动中体验精彩的世界，弥补他们阅历的不足，使核心素养在不同情境中得到历练，整体发挥作用，让他们既淳朴、勤劳、善良、勇敢，又乐观、开朗、自信、健康，进而促进他们更好地融入社会。从这些现实意义上来说，学校真实、有效地探索了当下乡村教育的路径。

遵循创新性原则，是实现集团课程建设优质发展的关键所在，能有效促进各校在集团建设过程中的相互合作、彼此激励、共同进步，为集团课程建设注入新的活力。

五、开放性原则

开放性是系统发生有序演化的必要条件，只有保持开放性，系统才能成为活的组织，这是有序原理的真谛。① 各成员校在课程建设的开放性上要注意以下几方面：在课程思想上，应树立面向世界、面向未来、面向现代化的整体教育课程观；在课程设置、课程内容、课程模式上体现开放性和自由性；课程实施是一个开放性的控制过程，要实现课程实施过程的开放、主体的开放、实施手段和评价过程的开放；课程环境的开放主要体现在课程建设的软硬件条件变化上，要充分拓展课程实施的时间和空间；开放式的课程管理应该有民主的课程管理模式，其中涉及管理机构的开放、教师管理权的开放等多方面。

以常州市第二实验小学教育集团课程建设为例。常州市第二实验小学教育集团在“生命·实践”理念的引领下，不断更新课程管

① 赵文华：《高等教育系统论》，广西师范大学出版社，2001，第9页。

理价值观、课程建设功能观。集团广大一线教师在新课程改革的过程中，教育理念发生了巨大的变化，对教材、课堂都有了新的认识。但由于思维的局限和习惯的束缚，往往不能站在课程建设的高度整体思考教育目标、课程内容、课程实施与课程评价之间的关系，不能自觉地运用新理念推动课堂教学改革的持续深化。基于一线教师课程创新与实践的需求，集团立足“育人本位”，深度挖掘每个学科在知识体系、研究方法、发展历史、学科精神、未知领域、前沿问题等方面的育人价值，开拓学生家庭生活、社会生活中更广阔的学习领域，打通基于互联网的线上与线下、课前与课后的学习空间，促进学生健康人生态度、高尚人格品质、积极应对挑战的能力和创造能力的养成。在对教材进行有效整合、拓展的基础上，集团重建基于大主题的单元结构式教学、基于学习工具的自主式教学、基于“互联网＋”的融合式教学，促进学生学习方式的转变和教师教学方式的转变，形成重心下移、开放互动、结构关联的新型课堂，并最终促进师生课堂新常规、新能力、新思维和新态度的养成。而且，在教学评价、学业评价、教师评价和学校评价等方面，从以往单纯关注学业成绩转向关注学生体验、经历，开展综合性评价，促进学生全面发展、健康成长，实现时代新人综合素养的整体提升。

各校课程的实施过程其实就是一个集团课程开放性的控制过程，主要表现在对集团各校课程建设理念的开放、课程实施过程的开放、课程管理机制的开放和课程评价过程的开放等方面。对集团各校课程实施开放性控制，有利于达到最佳的课程建设效果。

六、可持续原则

可持续发展是集团化办学课程建设的根本目标，其宗旨是满足学生立足社会、着眼未来的发展需求。集团内各校课程建设的可持续发展靠的是课程内部各要素的相互统一、相互协调，其核心动力就是课程的创新。要使集团课程个性化创造具有可持续性，就需要对课程计划、课程类型、课程内容、课程结构等方面进行优化与控制。比如，既要考虑本校课程的体系规划，还要考虑其他各校课程对本校课程建设的积极影响。而在集团内各校课程资源的可持续建设方面，不仅要充分利用现有学校课程资源，积极开发和利用新项目、新技术等课程资源，也要充分利用集团内其他各校的软硬件资源。在课程管理模式的可持续建设方面，还可能涉及课程实施管理、课程质量监督、课程开发管理的形式创新，做好这些工作能更好地促进集团内各校课程建设的可持续发展。

如常州市武进区遥观中心小学教育集团，在优化集团资源的基础上积极开展基于“海量阅读”的“三辨”课程平台建设，以课程统领集团化办学工作，提升集团化办学质量，形成了“思维浸润、泽养童年”要求下的“海量阅读”课程体系实施新样态。

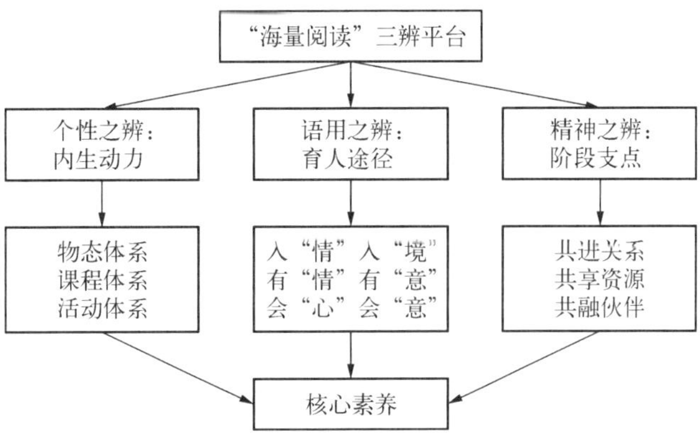

图 5－1　遥观中心小学教育集团“海量阅读”课程体系

集团确立了低、中、高三个年段的课程内容与推进策略：低年级为“雅情怀，行四季”，侧重发展学生核心素养中的“文化基础”；中年级为“雅志向，学四海”，侧重发展学生核心素养中的“自主发展”；高年级为“雅行动，美四健”，侧重发展学生核心素养中的“社会参与”。

此外，集团基于阅读材料审美共性，从活动组织、文化建设、资源开发等不同角度、不同层次开展阅读课程的研究与创新，并通过参与平台建设的老师“学习——实践——反思（研究）——再学习——再实践”的过程，使彰显美学精神的“海量阅读”课程体系实施的意义、途径及策略得到不断验证、不断完善。

在校本课程评价方面，遥观中心小学教育集团也开创了新的评价模式。学期初，根据课程平台建设的学期计划、主题教育要求以及特定的教育日，各班结合班情发动学生规划自己的学期发展“路线图”，落实具体的争创项目，做到一月一创，有目标，有方法，有过程，有思想。各班学生在每一个月的月初填写本月评价项目的争创表，老师们则通过多种途径紧抓落实，并于月末的一周组织评定：首先由本人自评，其次由小组评议，最后征求任课教师和家长意见。各班将最终月评结果上报学校，经审核认定后在各班级的情况汇总表上公示。各班每月推荐一名表现突出的学生，学校将其“争创”故事通过相关渠道展示。学期结束时，对评到五颗星的学生授予相应的荣誉称号，并在校园网上用专栏展现其风采。

由上述案例可见，集团遵循教育发展规律，从体系建构、实施管理、内容更新、评价跟进几个方面，不断推进和完善课程建设，学校把课程规划、教师专业发展、学生成长需求纳入了可持续发展的视域，才能使课程体系经受住时代的考验，满足人才培养的需求。

集团课程建设的目的，是聚合力量，促进集团各校课程均衡发展。充分发挥各校之智，同中求异，进行个性化创造，使课程建设实现可持续发展，是集团化办学课程建设的现实需求及发展趋势。

第二节　集团化办学学校课程个性化创造的策略

上述个性化创造的原则，为集团化办学的课程个性化建设明确了方向，集团各校课程的个性化创造，也将为集团课程发展注入生机。通过以往的实践研究，我们对课程建设路径、课程资源利用、课程实施管理等方面的问题有了更深刻的认识，并总结了一些课程建设个性化创造的策略。

一、品牌打造策略

集团化课程建设大多是以核心校的特色项目为基础，核心校的课程研究极大影响着集团课程的发展。基于学生核心素养养成与学校教育理念发展，核心校开放性与个性化的课程改革方向，应当突破线条育人的边界、突破符号学习的边界、突破单向度成长的边界。① 下面将以常州市实验小学教育集团打造品牌课程的过程为例，阐述其中有效实施策略。

常州市实验小学作为集团核心校，在集团总校长带领下，组建课程研发团队，一路摸索，虚心求教，大胆实践，率先从国家课程校本化、学科课程统整化、校本课程特色化三个角度着力打造了“林—树”式课程，分别开创了“乔木林”“灌木丛”“草本园”三大课程体系。具体工作如下：

组建研发团队。课程研发小组成立伊始，由集团总校长杨文娟领衔，通过任命和招募等方式，组建了由校内专家（以特级教师为首的骨干梯队成员）、学科组领军人、年级组组长等组成的研发团队。为了高位规划学校课程框架体系，杨文娟总校长带领团队人员远赴外地寻求专家指导、引领。在两年多的课程研发过程中，每一位成员下沉学科组、年级组，通过自身先行研究带领学科组、年级组集思广益，创生出一个个主题课程，让课程体系日益完善，焕发育人光彩。

定位教师角色。每一位实小人都是“分享”之源，课程的研发离不开教师角色的重新定位。从最初课程建设理念的诞生，到后续课程的实践和课后的总结，都离不开每一位老师的智慧与付出。如英语老师葛晓娟受《夏洛的网》一书启发，利用学校改建前期的空窗期，带领学生在楼道上开设了属于他们的“拍墙”课程。这样的主题课程创生并不是个例，而是实小人课程研发的一个缩影。

① 洪伟、韩巧玲、郭志滨、陈纲、蒲丽芳：《指向学生核心素养发展的课程建构与变革》，《中国教育学刊》2017 年第 12 期。

彰显个性与文化。“分享教育”是常州市实验小学的办学理念，也是学校的教育哲学核心，先后经历了两轮课题规划和研究。如何让学生获得分享、学会分享？“百种经历”成就了实小学生丰富的学习体验，并进一步培育了学生“负责任、会阅读、乐表达、会倾听、有健康、会才艺”的银杏娃特质。

取得课程建设的丰硕成果后，学校并未止步于此，秉持“分享”理念，先后通过区域课程教学公开展示、管理人员交流等方式，毫无保留地将学校课程建设的宝贵经验、珍贵成果分享给集团成员校。其成熟的课程体系在一体化管理的平冈校区全面实施，彰显其辐射效能。集团品牌课程也在这样的推广中逐渐形成。

打造优秀的品牌课程需要时间、技术的支持，更需要课程研发者、实施者的责任意识、价值认同。专业、高效的研发团队能为课程的高品质发展奠定坚实的基础。因此，在课程研发阶段着力打造课程品牌，是课程建设个性化创造的有效手段。

二、自主研发策略

核心校大多有文化渊源，师资雄厚，教师们有着锐意进取的追求意识。因此，不可否认在研发团队的品质上，集团成员校尤其是联盟校有着自身的短板。但是，在集团课程规划的推动下，成员校可以将努力学习先行者的经验，重新审视本校课程研发方向，积极进行自主研发。

以常州市实验小学教育集团成员校的课程研发为例。邹区实验小学是常州市实验小学教育集团的联盟校，它位处常州西部的邹区镇。邹区镇拥有全国第二大灯具市场，灯具是邹区实验小学的孩子们司空见惯的事物。立足本地资源，学校早年开发了“灯具文化”综合实践活动教材。2016 年，邹区实验小学将“依托物联网，培养小创客”作为重点项目来推进；2017 年，学校又开始了“依托灯具文化，打造人工智能创客教育”的项目研究。在集团化课程建设中，学校学习并借鉴常州市实验小学“林—树”式课程架构体系，在“STEM +”视野下加入人文、艺术进行整合研究，打破常规的学科界限，逐步建设包容性更强的跨学科综合课程，进行“创意灯具”课程的开发。学校主要从以下方面开展课程个性化建设：

打造特色课程群。依托本地灯具产业资源，统整信息、科学、数学、美术、综合实践活动学科，融合泥塑、纸模、木模、3D打印、3D建模、物联网等技术，开发“创意灯具”校本课程，形成高质量、有特色的必修课校本教材，建构“创意灯具”校本课程的目标、内容和评价体系。

落实项目式学习。“STEM + 创意灯具”课程尝试采用以“表现性评价”为代表的新型评价模式，通过“任务导向”“评价先行”的方式促进学生达成学习目标。“STEM + 创意灯具”课程以项目式学习为主，以真实的任务驱动，通过客观测验以外的行动、表演、展示、操作、写作等过程表现，来综合评价学生的思维能力、创造能力、实践能力、口头表达能力、文字表达能力。

拓展教师培养途径。校内选拔并培养一批致力于“创意灯具”课程开发研究的青年教师；加强与企业、高校之间的合作，开发校外教师资源。对科创教师团队进行有序列、有计划的培训，发挥教师所长，培养一批一专多能的教师，保证科创教师队伍的可持续发展，不断提升教师开发课程的能力和科研能力。

课程的自主研发，体现了学校对课程价值的追求，应始终指向人的发展。正因如此，要充分调动课程育人资源，尤其要关注本土乡情、文化、建设等方面，在课程建设中培育热爱家乡、建设家乡的未来接班人。同时，应激发教师参与课程研发的积极性，鼓励教师根据教学实际情况建言献策，推动课程建设经历复杂的、非线性的和不可预知的过程，走向变革和深层发展。

品牌课程的打造和自主研发能有效促进集团课程建设走向多维度、多样态发展。除了以上详述的常州市实验小学和邹区实验小学的课程，还有钟楼实验小学的“春华秋实”课程，新闸中心小学的创客教育课程等可作例证。这些课程都是聚合集团各校区的研究力量，重新定位，重塑理念，重构体系，进行个性化创造的成果。

三、优势互补策略

“一花独放不是春”，集团鼓励各校自主研发课程，但同时也要发挥集团化办学优势，以优带弱、强强联手，在合作交流中走出属于自己的特色课程建设之路。

集团可以成立以总校长或总园长为首的高精尖人才汇聚的智囊团，为各校课程建设分享智慧、策略。当课程建设中遇到顶层设计方面的问题时，智囊团能快速集中，高速运作，制定应对策略；各校在建设中遇到难题时，智囊团也能派出成员帮扶引领，同时反向审视，及时总结经验，将之转为优化管理的契机。

> 以常州市实验小学教育集团钟楼实验小学为例，学校能坚持以学生发展为中心，基于“以美育人”主旨，打造美术特色课程项目。该课程研发组成立了由杨文娟总校长、常州市实验小学张展老师等人员组成的校外专家顾问组，着力打造小学“乡土美术”课程。校外专家顾问组从课程标准、办学追求、学生需求、师资分析、环境基础入手，在课程体系、课型建构、资源建设、学校文化等方面提出创新意见，着力突破性发展，努力让钟楼实验小学的孩子在“乡土美术”课程的浸润、滋养下，怀高远之心，成清雅之气，具家国之情。

可以说，钟楼实验小学的“乡土美术”课程寄情家乡表达对文化的理解，诠释自己独特的育人目标，打造了属于自己的特色课程。

除了组建研发团队，各成员校还可以共享软硬件资源，取得更大的发展空间。“软件”共享，如上述常州市钟楼实验小学案例中，集团内各校优秀的教师组成专家团队，分享他们在先行研发基础上积累的较为成熟和完善的研发、管理经验、方案和体系，为集团成员校在自主开发课程建设中提供参照和借鉴；“硬件”共建，如钟楼实验小学在“乡土美术”课程基地建设中，创造了“乡土美术馆”“主题活动墙”，这些设施除了可以作为钟楼实验小学的学生探寻“乡美”、创造“乡美”的展示平台外，还可以供集团内其他各校共享，进一步扩大课程影响力。同时，钟楼实验小学也能共享来自其他各校的资源平台，如常州市实验小学教育集团平冈校区的消防安全演练中心、交通安全演示通道。这些课程硬件资源不仅能融入各校课程体系中，还为集团各校提供了学生成长实践活动基地。集团各校在资源共建共享中，能有所启发，取长补短，进一步审视自身课程建设的不足，使之更优更强。

此外，各校还可以通过课程活动的开展互相学习。根据集团联盟的性质不同，可以分两种情况打造特色课程项目活动。一种是在紧密型教育集团，以共同的活动项目推动各校特色课程开放、审视、创新。如常州市实验小学教育集团每个学期都会开展集团“智力运动会”，各校轮流主持。还有一种是在联盟式教育集团，基于共性化的学科特色，打造联动项目，开展集团特色项目课程建设。如花园教育联盟的“科技与生态共生”项目建设，关注核心科技素养，系统重构课程内容的项目序列，每学期联合各校，主题式推进特色活动，使项目发展多元化。活动“拼图”有利于集团各校以特色项目为契机，在收获成绩的同时，反思课程短板，不断提升课程美誉度。

优势互补，其目的是促进课程资源的整合、优化与共享，在推动校际课程建设的均衡发展、实现教育质量的整体提升等方面具有重要意义。

四、多元创生策略

共建、共享、共评的方式是提高集团课程建设发展的原动力，从上述三个策略中，我们看到不同的个体承载着丰富而有个性的思考和实践价值。因此，我们还应当尊重集团联盟各校的课程研发价值，肯定其课程研发能力，鼓励其在集团课程建设核心理念引领下，通过策略优化，多元创生，走出适合自身的特色课程建设之路。这里的“多元”，可以是课程建设主题的多角度，也可以是课程建设路径的多样化。

（一）合作式创生

集团化项目式课程往往采用项目式联动机制，在合作发展的同时，促进共生共长，形成集团课程品牌项目。这些课程项目设置内容广泛，涉及学生成长、班级管理等多方面。

> 以常州市局前街小学教育集团为例，集团聚焦新学年“我是XX年级的小学生啦!”项目课程，如在五年级，各成员校在同一课程架构的基础上，结合校情、班情，由年级层面到班级层面，对课程方案进行二次、三次的开发。如“激趣篇”中，局前街小学、凤凰新城实验小学、龙城小学侧重于“十二时辰”文化的学习体验，而华润小学则侧重于在已有的“城市小学生劳动实践圈的建构”课程基础上，进一步推进“劳动实践圈”的设计和建设。华润小学的“劳动实践圈”，也是构建学校特色文化、深化课程改革中不懈探索精神的积极践行和最好诠释。即使是在同一校区，同一主题活动在不同的班级实施过程中也体现着“各美其美”的原则。如“师生篇”的“认识新教师”环节中，有的班级请所有新教师齐上阵，让学生凭借气质猜猜大家是哪个学科的老师；有的班级新教师一一展示才艺，大显神通；有的班级则是让新教师结合各自任教学科进行3—5分钟的试教……新教师们在不同的班级用不同的方式进行自我介绍，给学生留下了深刻的印象。各成员校在课程共性的基础上，以各自的理解与内生发展，创生出根植于本校实际的特色课程与自主课堂。

（二）互助式创生

受资源占有情况、学校声誉、办学发展的水平等因素的影响，集团内各校课程建设的基础不尽相同，各校均有短板。互助式创生能有效促进各校互通有无，弥补自身不足，共同发展。

> 例如常州市博爱教育集团的博爱“学习社区”、集团内怡康小

学的德育和“三模”课程、龙锦小学的艺体课程，集团各成员校自主选择，推广实施。同样，基于学生自主发展，集团内各校根据教师特长、爱好等个性化教学能力，开设一些学生非常喜欢的课程。对于师资有困难，难以开设相应课程的学校，集团尝试实行教师走校上课，让优质资源惠及更多的学生。如常州市博爱小学的王海岩老师自编的校本教材《陶艺》荣获全国校本课程教材一等奖，苏教版美术教材中有关陶艺部分的内容均为王老师主编，他带领的陶艺社团在全国、省、市、区获奖无数。王老师通过走校上课、创建工作室、培养徒弟等方式在集团内互助发展，共享优质资源。

（三）借力式创生

集团化办学的推进，使原本薄弱、偏远的学校园区得到了新的关注与发展动力。集团中的联盟校，也应当主动借助集团已有课程资源、社会资源，走出属于自己的“锦绣前程”。

以常州市钟楼区卜弋幼儿园的课程建设为例，他们在集团联盟发展中收获颇丰。在教育集团中，刘海粟美术幼儿园具有成熟的“拙趣”课程，但卜弋幼儿园并没有盲目照搬，而是根据自身课程建设优势和基础，主动请教集团课程建设“智囊团”，清晰把脉，高位梳理，形成了独具特色的课程建设框架。

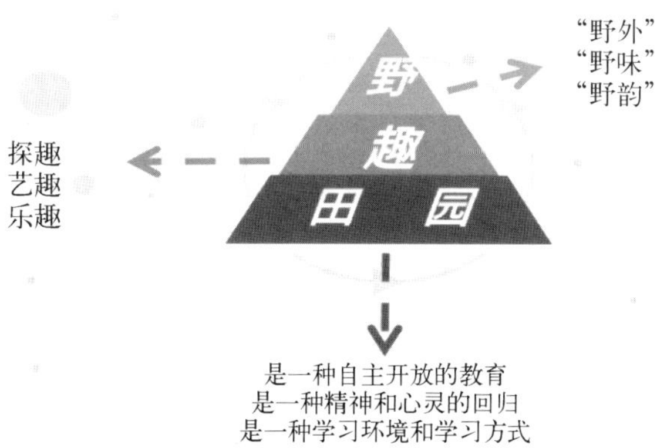

图 5－2　卜弋幼儿园课程建设框架

卜弋幼儿园确定了“自然野趣”“现场参与”“自主探究”“多元建构”四大核心教育理念，形成了以“花园”“果园”“菜园”“乐园”为主题的系列活动，借助课程游戏化实施的6大支架，在幼儿一日活动“学习、游戏、运动、生活”各环节落实“游戏精神”，积极引导幼儿进入现实生活、学习情境之中，以自己的方式去感知、体验、发现、探索、运动、游戏，获得知识、情感和经验。在推进课程建设的过程中，教育集团多通道、多路径为教师发展、园所特色课程展示搭建平台，让卜弋幼儿园的课程建设取得显著成效。卜弋幼儿园且行且思，走出了一条属于他们自己的课程建设之路，这为松散型结构模式的集团发展课程建设起到了积极的示范作用。

集团课程建设的个性化创造策略的实施，为集团联动发展打开了新的大门，帮助各校融合力量、共同促进学生发展，有着奠定基石的作用。面对集团课程建设中的困惑与变革，各校需要不断创新工作思路，改进工作方式，调整工作策略，最大限度地发挥集团融合效能，共同携手为课程育人助力。

第三节　集团化办学学校课程个性化创造的路径

在集团化办学背景下，学校课程建设需要凸显其目标的统一性和整体性、课程实施的协作性、课程管理的合理性和规范性、课程成果的共享性等特征，但在关注以上课程特征之外，也要尊重各校校本化特色，要避免各成员学校走向“模具刻录课程”的状态，提倡“课程生态林”的模式。在指向学生核心素养发展的课程统一目标的引领下，应鼓励各校从实际出发，实现自己的课程个性化创造，要在办学模式上求同存异，让不同的学校都找到最好的发展方式。

集团各成员校须深度学习，灵活借鉴集团内其他学校课程建设的成果，有机融入自身的特色，丰富、补充、完善已有课程体系，尽可能为本校学生创造充足、优质的发展空间。如何拓展路径，使学校课程在集团内互动、互通、互借、互融呢？

一、单向辐射式路径

单向辐射式路径就是以一所学校的课程经验为辐射源，通过“一对多”的方式带动集团其他学校的课程建设与发展。集团化办学理念就是为了解决学校间差异过大的问题而提出的。既然有差异存在，就应该发挥学校之间的帮扶带动作用，要善于发挥集团学校中的优势课程的作用，将它深层次融合在集团课程规划和课程目标的拟订、课程内容的选择与组织以及课程资源的开发与利用等过程之中，最终得以在集团大环境中创造性地改进集团各校的课程状况，优化、提升各校课程建设品质，达成课程育人的终极目标。下面我们以常州市星河实验小学教育集团为例进行阐述。

2017年7月，“儿童创想”课程在常州市星河实验小学教育集团内六所学校（星河实验小学、星河实验小学分校、横林实验小学、横山桥中心小学、礼嘉中心小学、坂上小学）正式开始实施。在星河实验小学的大力引领下，各成员校采用“‘儿童创想’课程的范式+”方式推进本校课程的整体建构，不断丰富学校文化内涵，提升学校课程质量。

首先，六校融入星河文化，提炼并建立课程共性目标。坚持“三个结合”：国家的核心素养要求与学校育人目标相结合；基于课程标准的教学与好奇心、想象力、创造力培养的关键目标相结合；儿童不同的认知风格与不同年级的素养要求相结合。“儿童创想”课程的目标链按学段递进，低年级指向儿童的好奇心和问题意识，中年级注重儿童的想象习惯和质疑能力，高年级注重创新思维与创造人格，并围绕目标链细化标准。

表 5－1　常州市星河实验小学教育集团儿童创想能力评价标准

	观察	体验	表达	探究	合作	数字化	情感
低年级	借助简单工具，运用多种感官进行观察	面对新事物，能在成人指导下开展体验活动	用绘画、口述、表演等方式分享发现，增长见识	会用简单的文字和图画，描述现象和事物的变化	能两两合作，在教师指导下完成学习任务	能利用手机、平板电脑拍摄照片，录制小视频	对事物有好奇心理，能提出心中的问题
中年级	借助一般工具，专注观察，有宏观、微观观察能力	在场馆、基地等环境中，主动参与，积极思考	学会倾听，有条理地表达看法，用思维导图记录观察结果	掌握比较、排序、分类等方法，利用简单表格、图形统计学习结果	在四人以上小组开展项目化学习，合作完成项目作品	能制作PPT，结合学习内容分享或交流学习成果	有想象的习惯，乐于分享创想小技能
高年级	借助专用工具进行观察，有预见性分析，透过现象能有独立发现	能结合学习和生活场景，主动开展感官、动作、言语探究，与朋辈交换意见	尊重他人观点，对研究项目进行评议，能撰写调查报告或研究报告	具有收集处理信息的能力，对现有成果有批判意识	能围绕研究主题，招募成员，负责进行项目研究，解决问题	利用网络，搜集、发布信息，展示、交流学习成果	对事物有独立的思考和判断，有乐于创想的精神

确立目标之后，集团其他五校借鉴星河实验小学的实践经验，进行课程内容的整合。

（1）学科内的课程内容契合。围绕学科本质与育人价值，梳理每个年级核心知识和关键能力，形成年级标准，在国家课程实施中契合“好奇心、思考量、表达力、方法值、学习组、创新点”六要素，利用总课时数的20%进行创想游戏、技能与思维拓展。

（2）学科间的课程内容整合。基于创想主题，打破学科壁垒，通过大主题、大单元、大情境教学，促进学科之间的整合、不同领域之间的“跨界”整合，例如语文和英语的整合、语言课程中融入戏剧课程、读者剧场、阅读课程等。

（3）项目建设中的课程内容融合。聚焦儿童的创想思维、创新精神和创造能力，通过课程项目建设，让各个学科课程内容基于某一主题相互渗透、随机融合，让儿童的创想思维在各种不同的情境中生长。

“儿童创想”课程为星河实验小学教育集团各校基于整体育人的理念设计课程提供了范式，为儿童好奇心、想象力、创造力的培养提供了指导，使集团各校学生的六大素养，尤其是科学精神、实践创新能力发展突出，也使各校课程管理更加规范化，课程建设更富有创新精神。“儿童创想”课程通过集团内部辐射的方式成为六所学校共同的财富。

实践证明，优质课程的辐射可以在较短周期内提升集团各校的课程建设水平，为更多学生的学习生活提供更广阔的空间，集团内教师的专业素养、课程能力以及实施素质教育的能力也能得到有效提升与发展。

二、双向互动式路径

双向互动式路径就是集团各学校在课程理念、目标定位、建构方式、内容设计等方面互相影响、借鉴、渗透，从而达到双向共赢。集团化办学的一个重要任务就是要使各成员校逐渐成为具有共同愿景的课程建设共同体。各校在共同愿景的引导下，才能逐渐认识到本校课程建设的不足，主动学习集团的优势课程建设模式，认同并接受它，以更加积极的心态改良、补白、整合原有校本课程，美美与共，共享课程建设成果。

比如，常州市金坛区华城实验小学与尧塘小学、河头小学、水北小学、汤庄小学五所学校组成教育集团，在集团“和谐办学”理念下，开展“生长”课程建设。各校通过对集团优势课程的学习，以改良、补白和整合等方式对原有校本课程进行改造和完善，快速提升了课程的品质，并做到反向辐射，完善了集团课程建设的共同愿景。下面我们以常州市金坛区华城实验小学教育集团为例进行阐述。

1. 改良原有课程

改良，就是借用领衔学校资源和力量，对自身原有的不令人满意的课程进行改造和完善，快速提升该课程的品质。

例如，成员校尧塘小学的“花木教育”课程，在原来的课程实施过程中，仅把“花木”当作客体（眼前的一花一木）来看待，学校提出“花木育人”，也仅把“花木”作为物体，即作为“育人”的载体。借鉴了集团“为了生长”课程理念后，学校构建了基于学生发展核心素养的“‘花·木’生长”课程，确定课程目标为“做有个性特长的尧小人——像花儿一样美丽，像树儿一样茁壮”。课程框架如下：

表5-2 基于学生发展核心素养的“‘花·木’生长”课程框架

课程目标	学生发展核心素养要点	课程主题	课程融合
做有个性特长的尧小人——像花儿一样美丽，像树儿一样茁壮。	珍爱生命	爱“花·木”	生命教育课程（基础）
	审美情趣	赏“花·木”	艺体健美课程（求美）
	人文积淀	读“花·木”	阅读课程（求真）
	人文情怀		
	健全人格		
	劳动意识	育“花·木”	科学探究课程（求新）
	科学探究		
	问题解决		
	技术运用		

2. 补白原有课程

补白原有课程就是对集团校原有课程不完备或欠缺的部分进行充实，使原有课程更加周密、完整。

如成员校水北小学基于“求真存正，让‘绿色教育’充盈着生命的快乐”的办学理念，以“生命教育”课程建设为突破口，以“绿色教育”为办学特色，独创了“五生课堂”，即：理解生命、热爱生命的“生命课堂”；顺应儿童成长规律的“生本课堂”；洋溢和谐、互助气氛的“生态课堂”；贴近学生生活的“生活课堂”和激发学生兴趣的“生动课堂”。但是，学校发现原有的办学理念不够精练；“生命教育”课程架构不够具体；对“绿色教育”内涵解读还比较模糊；对“五生”内涵解读不够清晰，相互之间在内涵或外延上有重叠、交叉，经不起推敲。因此，学校结合核心校华城实验小学的“蓬勃生长”课程，对原有的课程进行补白，以“生长—生长教育—生长课程—生长课堂”为主线，重新架构课程。

3. 整合原有课程

这里所说的整合，主要是指保留成员校某些课程原有的优势的同时，融合植入课程，形成全新的课程。

> 例如，“一主三翼”书香课程是核心校华城实验小学语文课程教学推行的课改项目，取得了令人满意的成效。成员校河头小学的“群文阅读”课程项目也推行多年，但该校老师反映，“群文阅读”量太大，不太切合学生实际，是否可以尝试与“一主三翼”进行融合。于是，集团通过教研，开展“一主三翼”与“群文阅读”的对比课例研究，探索语文课程新路径，并取得成效。

从上述例子中可以看到，核心校与成员校在课程建设中的双向互动，能有效促进集团各校课程资源的整合，完善已有课程，并进一步创生出多样化的课程，使学校课程质量进一步提升。

三、多向轮换式路径

多向轮换式路径是最能体现集团整体效能的一种探究方式，集团各校在同一个课程体系下，开展相互联系又有区别的主题课程，和而不同，美美与共。故步自封的模式不利于课程的健康发展。在集团化办学背景下，各校遵循一致的课程理念，具有共同的课程发展愿景，都希望优质课程资源的作用得到进一步放大，因此，学校与学校之间应以互相协作、共同对话的方式开展课程建设活动。在课程实施中，不妨创新一下开启模式，采用“多向轮换”的模式，将课程内容以主题项目形式呈现，由各校根据自身特点分别承担主题项目，并面向整个集团的师生依次展开。在这个过程中，各校需要一同审视课程方案是否合理、课程计划是否需要调整，并讨论教学如何创新，在活动中需要相互尊重、相互学习、相互启发，在交流研讨中合作共进。

如常州市实验小学教育集团集聚常州市实验小学双桂坊校区、常州市实验小学平冈校区、新闸中心小学、钟楼实验小学、邹区实验小学五所学校的力量，积极探索集团内课程建设新方式，本着校际课程项目互学互补的原则，积极探索主题课程“多向轮换”模式。2019年，集团创新开展“智力运动会”活动课程，以“智慧领航，和谐共长”为指导思想，促进集团师生共同开发、实施课程，感受智力运动的文化内涵，享受智慧碰撞的乐趣，有效推动集团成员校学生的思维品质提升，实现集团内课程建设的同生共长。

在活动课程开发之前，集团进行了深入研究、科学论证。先是充分挖掘五所集团成员校学生培养的特色和亮点，发现常州市实验小学双桂坊校区学生数学类学习有特色，平冈校区学生棋类特长明显，钟楼实验小学的航空模型相关课程独树一帜，邹区实验小学在创客竞赛中屡获佳绩，新闸中心小学科技类优势突出。经过多方科学论证，常州市实验小学教育集团设计了“银杏杯”智力运动会课程。活动先由各成员校中的数学老师、体育老师、科学老师组队研讨交流，确定数学类、科学类、棋类三大主题课程。之后成立五校联合课程小组，项目组长召集本学科老师确定具体的课程内容：数学类在低、中、高年级分别开展“七巧板快拼”“24点速算”“超级大脑”比拼课程；科学类开展“千变万化的魔尺”“纸模拼搭”“快手魔方”“雷鸟飞行”“吸管搭建”“鸡蛋撞地球”等课程项目；棋类打破男女限制，共设置了象棋、围棋、国际象棋、五子棋课程，成员组又根据课程内容，制定出了翔实的课程计划和最后的比赛规程，为确保课程有序开展奠定了基础，也为集团联合活动公平、公正地进行提供了保障。为确保智运会课程项目正常地开展，成员校制定出相应的课程方案，确定比赛规程，还精心制作了记录课程开展实施的微视频，利用网络平台，互相学习，取长补短，分享课程开展心得，让各个学校的学生充分享受课程资源，各显神通，完成课程竞赛项目。

通过首届“银杏杯”智力运动会课程的实施，五个集团校师生的成长有目共睹，学校跳出自己的传统优势，借鉴其他校的课程方案设计与实施经验，弥补自己的不足，将自己的长处与他人分享，真正做到互惠共赢，和谐共长。

可见，一项课程分解成几个主题活动，并由成员校多向轮换实施，有助于集团内所有学生共同发展，避免一所学校单一优势课程独当一面的尴尬，形成“百花齐放春满园”的灿烂景象。多向轮换式的路径能有效融合各校育人文化，使各校互相学习，取长补短，实现学生有效培养，打造出一片合作互赢、和谐共生的发展之林，是集团化办学背景下学校课程建设个性化创造的又一条重要路径。

在多元路径的创生和实施中，学校课程建设应走出封闭与资源闲置的境地，整合课程资源，促成课程资源的优化配置，实现课程成果的共享。集团化办学中的参与主体具有不同优势，可以放大、平移优质课程，让优质课程的光环照耀到更多的实施对象；可以集众人智慧，合力打造课程，在课程建设中，让各个主体发挥自身优势，实现成果共享；也可以根据集团内学校的地域特点、文化差异、师生资源情况开发互补性强、个性化的课程，让学校课程在集团化办学的背景下变得更加完善。

第六章 集团课程资源共建

课程对于学校，就像是传递生命物质的血液循环系统，是学校工作运行的保障。集团化办学不仅促进了各成员校间的相互学习和交流，在课程资源的共建共享上也彰显着独特的价值。课程建设所需的硬件资源的完善，如设施设备的均衡化配置、数字化平台和智慧校园建设，为集团课程建设架设了互惠互通的立交桥，有效地保障了集团各成员校课程建设的实施和成效。教师是学校课程发展的核心资源和基础力量，把集团校教师资源盘活，让优质资源充分发挥其引领和辐射作用，是集团课程建设齐头并进的智慧保障。此外，还有很多可以利用的校外教育资源，如专家资源、家长资源、场域资源等，也在集团办学过程中助力着学校课程建设的深入推进。

第一节　硬件资源共建共享

义务教育集团化办学是我国教育事业发展的重要内容，也是促进义务教育均衡发展的重要举措。义务教育集团化办学模式多样，运行的过程中，在规模扩张与质量提高、同质化与特色化、资源共享与自身建设、公益性目标与多方利益等方面面临着两难境地。要走出集团化办学的困境，推动义务教育集团化办学的健康发展，真正达到集团化办学的预期目标，实现集团各校的优质均衡发展，就要在集团化办学背景下共建共享硬件资源。

一、集团化办学背景下设备设施均衡化建设

课程实施离不开硬件资源的支持，现代化的教育教学设施设备能有效促进教学效率的提升。集团化办学背景下各成员校设备设施的均衡化建设，将对教育均衡发展起到积极的推动作用。

（一）落实国家基础课程，建设硬件设施

根据国家统一战略部署及教育部统一要求，各地中小学校须校本化实施国家课程。在实施过程中，常州市各教育集团统筹规划，互助共进，部署建设了各类场地供各集团成员校共享。

以常州市实验小学教育集团为例，核心校常州市实验小学教育设施完善、校园环境典雅，别致、美观的庭院透着浓厚的文化底蕴；集图书馆、自然专用教室、计算机专用教室等于一体的综合教学大楼巍然挺立；精巧、别致的艺术教学楼、多媒体教室透着浓郁的时代气息。成员校钟楼实验小学配套的300米塑胶运动场和6个篮球场，由钟楼经济开发区投入4000万元建设。内部设备设施按照高标准配置，有图文信息中心、科技教育中心、信息技术教育中心、人民防空教育基地，多媒体专用教室、舞蹈训练室、科学专用教室、音乐教室、美术专用教室等一应俱全，设施一流，在全市领先。成员校邹区实验小学作为常州市首批信息技术特色学校，与时俱进，不断更新教育技术。三年中，增加标准网络教室2个，增设录课室1个，增加观摩教室2个，设立信息中心、校园电视演播室，更新网站，全面改为桥架式电路系统，实现校园无线网全覆盖，增加学生智能学习设备。成员校新闸中心小学现有36个教学班，学生1775人。学校占地18379平方米，建筑面积10300平方米，校园布局合理，环境优美，设施齐全。专用室覆盖了音乐、美术、信息、体育、科学、综合等各个学科，并且所有设备达到省一类标准。

学校的硬件发展受许多客观因素的制约，尽管集团每一所学校都在课程实施过程中不断地完善硬件设施，为实施课程保驾护航，但不可否

认，很难做到应有尽有、尽善尽美。因此，在集团化办学背景下，各校的场馆、设施、设备可以相互借用，更好地辅助教学，更多地惠及学生。

（二）实施德育活动课程，拓展硬件设施

培养德智体美劳全面发展的社会主义建设者和接班人，是教育工作的重要任务，也是教育现代化的方向。让学生德智体美劳全面发展，归根到底，就是立德树人，这是教育事业发展必须始终牢牢抓住的核心。德育就是对学生进行思想、政治、道德的教育。思想教育是帮助学生形成正确的世界观、人生观的教育；政治教育是帮助学生形成正确的政治观念、信念的教育；道德教育即促进学生道德发展的教育。在此认识基础上，常州市各教育集团内部开设了丰富多彩的德育课程，并且从各方面创建了相应的硬件设施。

> 如常州市实验小学教育集团有效利用集团区域内的历史文化遗迹、新型创意街区、现代科技阵地，通过定期参观、自主探究等活动，对学生进行德育。青果巷是常州著名的古街巷之一，位于中心城区，紧邻世界文化遗产京杭大运河最古老的一段——南市河，街区内以明、清、民国时期的建筑为主，分布有名宅故居、祠庙殿宇、桥坊碑石、林泉轩榭、古井码头、戏楼剧场、学堂校舍。街巷呈现“河襟南北，街贯西东”的形制和“古巷通幽，人家枕河”的江南神韵。青果巷是常州文脉所在地，文风兴起于唐代，世家聚居，书香盈巷，墨迹飘河，先后走出了近百名科举才俊和一大批近现代名人，遍及政治、文学、艺术、教育、实业、科学等众多领域，被誉为“江南名士第一巷”。
>
> 又如常州市觅渡教育集团区域内的瞿秋白纪念馆，内设展览大厅、学术厅、影视厅、资料室、电脑室、贵宾室等，陈列、收藏丰富而完备的有关瞿秋白生平和思想的照片、物品、字画和研究资料，对于研究瞿秋白思想、弘扬瞿秋白精神意义重大，是开展红色教育的重要资源。觅渡教育集团核心校、成员校，乃至市区其他中小学校都时常组织学生前往参观学习。

（三）打造特色课程，创建硬件设施

在集团化办学思想引领下，结合学校课程建设和发展需求，各成员校应积极筹措资金，建设特色课程资源，添置设施设备，为学校特色课程的实施和分享交流提供保障。

如常州市实验小学积极创建文明校园，发扬学校优秀基因。常州市实验小学的“分享展厅”定期展示师生作品，供参观学习和交流；平冈校区的消防体验中心、交通安全体验区、民俗街区，成为大家的体验中心，各校志愿者有了体验场，各成员校经过预约都可以前往体验，开展活动。

其他成员校也都不逊色，各有特色。钟楼实验小学聚焦特色项目、培育品牌之基。钟楼实验小学的科技馆、乡土美术课程基地、校史厅和即将建成的科创中心，通过创生基于大数据背景下的网络教研项目，推进智慧校园建设，打造钟楼实验小学品牌。邹区实验小学大力进行创客空间建设。在原有的社会实践基地的基础上，学校根据自身情况合理布局，把科学实验室、科学探究室、计算机教室、社团活动教室、图书馆等场所进行设计整合，配备创客教育课程相关书籍、各种设施设备，分享新鲜且富有创意的技术知识和理念，设置普及创客思想的新型实验室。邹区实验小学还把校园创客空间建设成五个功能区：展示区、生成区、活动区、材料区、阅读区。新闸中心小学则是进行科技特色文化建设。围绕电子电路、智慧编程等六门课程，架构学校创客教育课程体系，投资35万元建成了包括“两廊、三厅、六室”的创客教育一条街。同时在班级文化建设中增添科技园建设，在校园角落增设科技梦想加工场、气象科技园和农耕园，让校园时时处处都有科技研究的素材。这些成员校在特色课程创建中舍得投入，创设了很多独具特色的场馆，且都以开放的心态承办集团内各类活动，实现了美美与共。

这些独具特色的专用室和场馆，目前已成为集团课程建设的优质硬件资源，这些硬件资源的共享让集团各校彼此互通有无，也让

各校孩子们共同领略杰出校友不凡的成果，经历生命教育的难忘历程，尝试团队创作的无限乐趣，教师们也得到了深入交流，各校实现和谐共进。

二、集团化办学背景下智慧校园建设

实现教育集团共同发展的有效途径之一就是均衡化建设智慧校园，使集团内各学校的办学实力和管理水平得到提高。虽然集团内每个学校的发展历史、发展定位、办学理念、文化特色以及管理体制等不同，但每所学校在信息化建设的过程中，必定有其独具特色的智慧校园文化和活动。如果仅仅是将名校的智慧校园文化和活动进行简单复制，必然导致办学风格的千篇一律、智慧校园文化的严重雷同。从这个角度上来看，集团化办学过程中应该努力彰显各成员校的特色，发扬创新精神，避免同质化。而从以往的实践中可以发现，举办联盟活动，建设各具特色的智慧校园，充分发挥集团内各校的主观能动性，取长补短，才能让联盟各校各美其美。

（一）集团联合，全力打造智慧校园

“工欲善其事，必先利其器。”智慧校园的建设是时代发展的必然要求，需要凝心聚力，集集团智慧共建共享。下面将结合常州市实验小学教育集团的实践来介绍相关做法和经验。

1. 智慧校园，基建先行

智慧校园是在数字化校园的基础上提出的，是通过融合网络科研，实现校务治理的透明化、网络学习的自由化，以及校园文化的多样化。具体来说，学校通过物联网技术，实现校园内设施设备智能化，从而将教学研究、学生生活以及资源管理紧密地结合在一起，进而为学校师生提供高效、便捷的学习、工作、生活方面的服务。

常州市实验小学教育集团核心校常州市实验小学致力于打造智慧校园，以实现资源的融通共享，各成员校也积极响应。成员校钟楼实验小学三年来先后投入近500万元对学校的基础设施进行升级

改造：升级了监控系统，新增了160多个高清探头；为每位教师配备了办公电脑，在每个办公室添置了打印机；校园覆盖了无线网络。

“可以说，智慧校园在一定程度上推动了校园建设的自动化、智能化及数字化。而在智慧校园建设背景下，教学资源共享体系应在智慧校园的系统体系中，通过智慧校园系统将诸多相对独立的课程资源进行整合，从而为校园内的教师、学生，社会上的企业及个人提供优质的资源共享服务。”①

2. 合理运用信息技术

学校在建设智慧校园的过程中，应重视信息技术的融合和运用，体现信息化、数字化的实效。各集团学校可以借助新技术、新平台大胆进行互联网环境下的教学创新，积极探索新的学习方式，实现资源共享。如“E学习平台”的课堂教学、公共平台在教学中的应用、“一起作业网”的试用等，为学习方式的变革提供了有力的保障。

如常州市实验小学教育集团以开发数字化教材和数字化教学资源包为主要形式，构建数字化教学资源库。各校教研组、备课组积极参与，45周岁以下教师“一师一优课”晒课数远超要求，体现了教师们运用信息技术进行资源共享的自觉。

集团还运用基于“互联网+”模式下的在线教研，打破时空的局限，让一部分成熟的优秀教师以及市、区各个学科领域的专家通过互联网平台的交流、分享和一对一诊断，引领集团青年教师的成长，帮助一大批青年教师提高执教能力，促进教学规范化，让他们更快地胜任工作。此类在线教研的特征是精准度高。教师利用信息技术手段，以文字、语音、视频等形式上传发布自己的试教、上课、解疑等的教学片段到在线教研平台。同一教研组或备课组老师，以一对一或者多对一的形式，对这些具体片段进行研讨，仔细打磨教学的重点环节。此种在线教研形式比较适合工作3年以内、缺乏教

① 张云萍：《智慧校园建设背景下教学资源共享体系研究》，《黑龙江教育学院学报》2019年第8期。

学经验、科研能力相对较弱的教师。教师可随时记录下自己的思考、探索与困惑，而研讨者也能打破时空的限制，为他们答疑解惑。集团内90%以上的教师有网络教学空间，这为集团内开展联合教研奠定了良好的基础。

各成员校的智慧校园建设也为集团教育教学测评提供了高效、便捷的服务。如邹区实验小学主动为教师推送教案、课件，帮助教师进行考试测验分析、考卷知识点分析、课堂效果分析。之后，教师根据每个学生的学习情况和进度，报告学生的学习进展情况；学校根据家长需要，智能推送学校教育信息、学生成长信息、学生的评测评价信息，对家长参与教育教学提出建议。此外，智慧校园的建设还能为学校管理者提供教育教学动态分析、教师评测评价、学生成长评测评价、教学预警、教学管理等方面的决策辅助。

课程资源共享系统是依托于智慧校园服务平台的子系统，主要储存及提供多种教学数据。邹区实验小学依托区主动发展项目“新技术新平台支持的教学应用研究”继续进行实践探索，用信息化技术打破时间和空间的限制，丰富、改进教学方式，让学生在数字化校园的畅游中积累经验，深化理解，全面提升学科核心素养与关键能力。此外，集团在各学校推行多个数字化项目，定计划、重过程、有成效，也帮助各校逐步由数字化校园向智慧校园迈进。

（二）依托各校特色，打造集团特色

智慧校园的建设转变了教师的教学方式，促进了教学效果的改善，大大提升了学生的学业水平和应用能力。核心校在智慧校园建设过程中积极引领，成员校积极响应，“一校一品”，汇聚成集团特色。

1. 数字化课堂

多年来，常州市紧扣智慧教学的理念和方法，积极开展各级各类教学研讨、示范课观摩活动，取得了良好的效果。各集团校突破传统教学方式的束缚，积极实践和探索信息技术环境下的教育教学模式，如数字化课堂、微课教学等。教师也积极参与各类教育教学信息化大赛，形成

大量优秀成果，包括优秀案例、微课实录、PPT 课件、说课稿、论文等。这既为集团校积累了课程资源，也彰显了集团特色。

如常州市实验小学教育集团依托智慧校园建设，组建“分享智慧工作室”。2019 年有 6 位教师被评为区级学科带头人、骨干教师，4 位教师获得市级新秀、能手称号，1 位教师被评为市级十佳辅导员，2 位教师被评为市级骨干、优秀班主任。学科教学上也成绩斐然，以平冈校区为例，仅 2019 学年第一学期该校青年教师就承担区级以上公开课 13 节，市级公开课 4 节，省级公开课 2 节，课堂教学评比获奖 5 节。

2. 科技特色

智慧校园的建设，使学生能够接触到更先进的教学设备。如今，绝大多数中小学生能比较熟练地使用电脑、互联网以及其他终端设备，并积极参加各类信息技术创新活动、竞赛活动，甚至科技发明活动，形成学校科技特色，并逐渐打造成集团特色。

如常州市实验小学教育集团成员校新闸中心小学以“创客教育”为主要内容，进一步完善“创客一条街”的文化宣传，并在班级文化建设中增添科技园建设，在校园角落增设科技梦想加工场、气象科技园和农耕园，让校园时时处处都有科技研究的素材。

成员校常州市邹区实验小学是常州市首批信息技术学校、常州市创客教育基地、钟楼区创客俱乐部成员。探索智慧校园建设以来，团队成绩卓著：2018 年 8 月，学校被评为“全国青少年人工智能活动特色单位”；李茗羽同学在第六届江苏省少年科学院院士评聘展示表彰活动中脱颖而出，被评为“江苏省少年科学院十佳小院士”；“亮点工作室”被评为“江苏省青少年特色科学工作室”“江苏省青少年科技创新基地”。

“一花独放不是春”，常州市实验小学教育集团依托智慧校园，积极探索创客教育，形成集团科技特色。此外，常州市局前街小学教育集团依托智慧校园探索新教育形态，也是硕果累累。学校连续三年在常州市青少年科技创新大赛中荣获团体一等奖，每年在常州市青少年机器人比赛中均有学生获得一等奖，学校的知名度得以进一步提升。

智慧校园，已然成为让孩子们敢于创想、勇于创新、善于创造的新天地。这是集团校全体师生智慧和汗水的结晶，更是学校基础建设、课程改革结出的丰硕成果。

（三）资源共享，加速优质教育均衡化

智慧校园以应用物联网、云计算、大数据等科技为支撑，打造一体化的智慧校园云平台、教学资源中心、多媒体智慧教室。借助智慧校园的技术，各集团学校的校园网都建立了一个多媒体教学网络管理平台，将学校的整个多媒体教学过程、教学资源管理融合为一体，实现了从教务排课环节开始，对学校教学过程中所有多媒体教学资源的智能化、自动化管理和调度。同时，还按照“研培结合、以研促培”的工作思路，充分利用各类教育教学实践活动，提高教师使用现代教育技术的能力，为智慧校园应用奠定基础。近几年智慧校园的建设，加速了集团化办学背景下校际优质资源的均衡化发展。我们欣喜地看到，集团化办学效益渐已显现，常州市的各教育集团在最大化实现优质资源均衡化发展的同时，正辐射带动区域内各成员校合作发展。

综上，集团里各校共享硬件资源，不仅有利于形成每个学校自己的教育品牌，而且能实现品牌输出。集团成员学校的硬件资源共建共享，形成了新的教育高地。在各教育集团内，各校依托其独具特色的硬件资源建设，在集团项目共建中共同发展、共同进步，为集团课程资源共建不断贡献力量。

第二节　教师资源集智流通

在实施集团化办学的过程中，不仅要通过集团名优教师人才的引领，骨干教师、青年教师的流动等方式促进教师资源的优化，还要在课程创生的环境中，通过教师成长共同体的建立，引导教师快速入门，良性竞争，不断提高教师的课程意识和课程能力，实现成员学校集团化办学水平的合作提升，在实践中锻炼出一批批智慧型教师，从而快速培育优质教育资源，提升集团化办学的品质。

一、打开课程视野，分析资源背景

教师是课程资源中不容忽视的组成部分，不仅决定着课程资源的鉴别、开发、利用和积累，还肩负着团队合作、开展教学、优化课程资源的责任，是课程建设中的生力军。在集团化办学背景下，只有树立教师的课程意识，利用现有的教师资源、挖掘教师资源的潜力，助推教师专业发展，才能更好地为课程建设服务。

（一）树立教师课程意识

课程意识是指教师对课程的敏感程度，包括教师对课程理论的自我建构意识、课程资源的开发意识等。虽然新课程改革不断推进，但我们看到很多教师仍埋头于教学研究之中，缺乏课程意识，直接影响到教学质量的提升和学生的发展。在集团化办学背景下，如何培养教师的课程参与意识、资源意识和过程意识，让教师主动地加入课程建设呢?

1. 共创，增强教师参与意识

在传统的教育观念中，教师只是课程的实施者，某种意义上成了课程的附属品，这制约着教师的主动性与创造性。随着信息时代的到来，教师已经不是知识的占有者和垄断者，学生可以通过各种途径不断获取信息，有机会超越教师的知识领域。因此，在教育教学实践中，教师要从信息的传播者转变为学习的促进者，要从课程的实施者转变为课程的研究者、决策者、实施者，负责开发课程内容，制定课程目标，实施课程内容，评价课程效果等。在集团化办学背景下，学校要创新课程管理机制，汇聚学校的学科专家，形成课程总纲，做好课程开发、课程实施、课程评价的顶层设计。学科专家在本学科建设中发挥积极引领作用，带活一门课程，带动一批教师，在课程评价、学生评价、教师评价等方面进行探索，增强教师的课程参与意识。

例如，常州市实验小学教育集团就是通过发挥杨文娟、杨静娟等学科专家的作用，带动核心校、成员校的一批道德与法治教师投入品德课程的研究，撰写了《小学品德课程中的资源整合》一书。在参与研究的过程中，教师的课程意识明显增强，他们认识到人人都是课程的开发者、参与者和实施者，只有汇集大家的智慧，才能激发参与课程的热情与活力。

2. 共生，提升教师资源意识

在课程实施的过程中，教师一定要具备资源意识。课程资源不仅包括教材等文本性资源，还包括围绕课程目标开发的信息技术资源、社会教育资源、课堂的生成性资源等。随着时代的发展和信息技术的进步，课程将逐步打破传统的分科，课程内容不断融合，课程开发者、决策者不仅是本学科教师，还有其他学科的教师，甚至包括学生。因此，在集团化办学背景下，为了更好地推进课程的实施，学校可以围绕课程组建由专家团队、本学科教师、其他学科教师、学生代表组成的学习共同体，从校内到校外，从教材到生活，从实际环境到虚拟网络，合作开发丰富多样的课程资源，完善课程资源建设，让师生真正成为课程的开发者。

例如，常州市新闸中心小学依托“智创空间——小学创客教育新探索”这一常州市基础教育前瞻性教学改革实验项目，利用新闸街道科技园资源打造学校的“创客一条街”，让语文、数学、美术、综合实践活动等学科的教师走进创客领域，师生共同开发“神笔马良”“仿生机器人”“电路工程师”等课程，让教师们成为一专多能的综合型跨界教学高手。

3. 共进，提高教师过程意识

过程意识就是要注意让课程处于运行、活动的状态。教师在选择课程内容、运用教学资源、创设问题情境等教学行为中，要考虑师生对话，分享经验，交流思想和情感，对课程内容可以进行删减、重组和衍生。具有过程意识的教师，可以让课程更加贴近学生，贴近生活，实现教学相长，共同发展。

例如，新闸中心小学在创客课程的实践中，教师团队不断实践探索，搭建创客课程新模块，提炼创客教学新范式，积极探索5种课型，确立“四位一体”的推进模式，推出创客教育评价新机制，让教师在课程建设过程中不断推陈出新，让创客课程焕发活力。

无论是过去、现在，还是未来，课程都是受着两类因素的影响：外部因素，即社会、经济和文化条件等；内部因素，即自身的活力。这两类因素相互制约，相互影响，而课程正是在这两者之间形成的张力中不断发展的。在新课程改革的大潮中，教师面临着课程的继承与发展的问题，不仅要面对“过去的课程”，还要面对“现在—未来的课程”。集团化办学背景下，优秀团队引领课程改革，智慧共生，可以不断激发教师的课程参与意识、资源意识和过程意识。

（二）助推教师专业发展

在课程建设过程中，集团内教师资源的集智流通，改变了教师开发课程内容的方式和策略，使教师专业成长的积极性得到有效激发，教师的专业素养得到进一步提升，学校办学品质、内涵不断丰富，教育优质资源均衡化发展的道路越来越畅通，有效地适应了经济发展新常态的需要。在此基础上，集团化办学需要不断打破传统的办学思维，让集团内教师跨越地域，进行深度融合，进行卓有成效的尝试。

1. 构建教师专业发展的愿景

在集团化办学背景下，广大一线教师就是课程开发者、创作者和工程师，在教师专业发展上应找到前进的方向和动力。各教育集团应以行政指令为主，兼顾学校共同意愿，将一所名校和若干所学校组成学校共同体（名校集团），将不同层次专业发展的教师汇集成共同体，使教师们形成共同的愿景和共同的奋斗目标，产生强烈的团队归属感，在团队中积极承担相应的责任。

例如，在常州市实验小学教育集团的一体化管理模式下，平冈校区的教师也加入“林—树”式课程的研究与实践中，承担着制定课程目标、设计课程内容、完善课程实施的任务。教师在课程实施过程中并非是“拿来”，而是一种“再生”。平冈校区语文教研组教师选择学生感兴趣的“中国古代神话故事”主题进行探究，丰富和拓展“林—树”式课程，引导学生认识炎黄子孙承载的历史使命，深受全体家长的好评。

2. 创设教师专业发展的文化

在集团化办学背景下，应形成一种民主、合作的办学思路，着力创设教师专业发展的文化。教师的专业发展，不能按以往单兵作战的方式，而要转向为团队合作的方式。这就需要创设民主、开放、和谐、合作的文化氛围，去掉个人行政权威，加强思想碰撞和交流，通过共同研讨，使得教师能立足于实践，结合个人的经验兴趣，共同参与到学习交流过程中，在学习、实践、研究中不断成长。① 为创设教师专业发展的文化，教育集团内可采用联盟教研的方式，定点定期开展联合教研活动，让更多的教师融入集团大家庭。集团还可以积极响应区域号召，有序推进集团内教师流动，为青年教师成长牵线搭桥，每年让一定数量的教师在集团校内轮岗交流，跟岗学习，师徒结对，促进教育教学均衡发展，使各成员校教育教学质量稳步提升。

3. 体认教师专业发展的实力

在集团化办学背景下，教师作为个体学习者，又作为团队成员参与到各种实践中。这样的双重身份不仅对教师个体产生积极的影响，也对教师团队的发展有着重要的作用。教师浸润在集团教师专业发展的文化中，看到自己教学、科研能力的不断提升，并得到团队教师的肯定和认可，而同时教师团队在思想交流上更加顺畅。

例如，常州市实验小学教育集团依靠2016年的“‘林—树’式学校课程建设的实践研究”，2017年的“基于核心素养与关键能力研究的学科教学方式改革”，2019年的“促进学生学会思维的课堂教学改革”等项目共建，凝聚五所学校的教师，让教师们成为优秀

① 龙玉洁:《集团化办学背景下小学教师专业发展共同体的建构》,《课程教育研究》2018年第13期。

的实践者，同时也成为自由的思想者，聚焦课堂变革，开展特色课程创新，形成教师共学共长的教育生态。每年的“银杏杯”论文评比成为优秀教师们的盛会。近几年，常州市实验小学教育集团的教师们在省“师陶杯”论文评比、省教育学会论文评比、市年会论文评比，以及省、市、区“教海探航”论文评比中成绩突出，如百花齐放，芬芳满园。从中我们可以看到集团教师在五年来的教学实践中，不仅进行个体的探究、反思、总结，还在集团分享盛典中通过聆听专家点评和教师智慧分享、阅读论文专著，不断形成自己的教育追求、教育思想，并在实现教师价值的过程中得到了专家和同仁的认同和肯定，获得了教师职业的幸福感。

教师的成长，往往需要突破三重境界。第一重境界，是认识自己的不足与狭隘，生发强烈的突破自身的意愿。第二重境界，是看清未来的方向与路径，设计清晰的高屋建瓴的发展蓝图。第三重境界，是想明白问题的因果与根源，形成强大的反思迭代能力。在教师资源集智流通的背景下，教师资源在课程建设的过程中盘活起来，教师个人发展与学生发展、学校发展、集团发展融合起来，教师就好比坐上了成长的高速列车，走得更快更远！

二、深化课程建设，优化教师资源

在集团化办学背景下，应根据集团发展目标体系，兼顾各校区的校情资源，使集团力求在管理上做到宏观把控，在活动策划、师德建设、课程开发、教师专业成长等方面做到中观指导，在班子建设与执行层面做到微观细化落实，追求多校区的优势共享、深度融合、均衡发展。①

课程在学校教育中处于核心地位，教育的目标、价值主要是通过课程的实施来体现的。随着我国中小学学校课程建设阶段这个崭新阶段的到来，集团学校的课程建设日益成为新动向、新亮点。各个教育集团必

① 张道琼：《激发优势　深度融合　均衡发展——合肥市六安路小学集团化办学管理的实践与思考》，《安徽教育科研》2019 年第 17 期。

须基于自身教育理念与教育目标，整体规划学校的课程体系，并积极建设存在于学校之中的每门课程。如何创生有效机制，开拓有效路径来分层提升教师的课程意识和能力，以保障课程建设顺利进行，是集团化学校课程建设中需要重点关注的问题。

（一）走出管理层边界，提升集团领导力

课程资源是实施课程的必要而直接的条件，各校的优质课程资源共享非常重要。硬件资源的共享可以让集团各校彼此互通有无，软件资源的共享同样是集团课程建设的关键因素，而要实现集团内各校软硬件资源共享，首先要做的就是提升集团核心领导团队的领导力。

1. 互通互融，优化课程建设管理队伍

在集团化办学的背景下，抱团发展、名优带培是必然产物，它能促进管理理念、践行方式与教育资源共享。在一批优秀的管理者的带领下，集团核心校和成员校之间互相借力，互相推动，互相成就。在此基础上，集团还应进一步优化探索，建设一支团结合作、敢于创新、追求卓越的管理队伍，提升集团学科教研组的整体策划与执行能力，为集团教师的专业发展树立榜样，为集团教师的发展、集团学校的课程建设创造无限空间。

例如，以杨文娟为总校长的常州市实验小学教育集团立足核心校成熟课程建设和实施的有效经验推广，成立了以核心校校长杨娟玉为首的集团课程开发与统整领导小组，汇聚各校“校内专家”，定期开展集团化课程开发与建设方面的理论学习与实战剖析。各成员校也分别成立课程研发小组，定期开展集团化办学方面的理论学习与实战剖析，基于学校底蕴，确定未来发展方向，在课程研发的交流中激发智慧、共生共长。

常州市武进区机关幼儿园教育集团采用人员合理流动机制，让执行园长及管理人员每年在集团内进行合理流动，让管理者们适时面临新机遇、立足新平台、思考新方法、产生新活力，为集团课程开发与建设谋划新篇。

常州市武进区星河实验小学教育集团则采用“组阁”的形式，在集团总校长与教育局集体商量的基础上产生校区执行校长，明确执行校长的权利和责任；同时以执行校长、校区副校长、学校中层班子“组阁”，形成管理团队。经集团批准后，履行聘任手续，中层人选也可通过公开竞聘产生，每届任期3年。这样就能使管理层实现不断地融通与变革，实现管理层资源的不断共享，从而提升集团内各校管理层的领导力。

由此看来，如果在集团层面能形成具有领导力的管理团队，那么集团核心校和成员校之间的关系，就可以像一个合唱队中的领唱者和合唱者那样，一领众和，气势顿生。

2. 和而不同，激发课程建设管理活力

集团化管理背景下的课程建设是有其特殊性的，紧密型教育集团虽然是一个法人负责，有统一的管理模式和标准，但一校两址、一校三址的实际情况对集团的课程规划及实施也存在着一定的影响，如何进行集团的课程规划对集团化办学是一大挑战。一支团结合作、敢于创新、追求卓越的集团管理队伍，除了需要互通互融，达成统一的课程目标，全体领导班子心往一处想，劲往一处使，共同为课程实施贡献智慧之外，在课程实施时可以结合各校自身的特点和优势，在集团课程总目标的引领下，选择最适合本校实施的课程方向，各校互相协作，共同达成集团课程的总目标。集团应赋予各分校领导队伍相对自主的管理空间，为激活各校优质管理资源、打造课程建设新局面铺路搭桥。

溧阳市实验幼儿园教育集团一园五址，一体化管理。集团结合“以人为本，自主发展”的办园理念，建构了“小主人成长”课程，各园区结合自身资源情况和课程基础，找到了适宜的切入点。

常州市觅渡教育集团在课程建设中，充分利用学校管理创新，整体设计并完善管理制度体系，使学校行政管理、教育科研、后勤保障、绩效考核为课程实施保驾护航，提高学校的现代化管理水平，实现了课程开发与实践的跨越式发展。

常州市局前街小学教育集团各分校领导班子充分结合自身资源优势，对学校课程建设进行了个性化的创造。在集团“儿童成长节律”课程整体设计方案的基础上，华润小学主打劳动教育课程，凤凰新城实验小学主打学生节点活动，龙城小学主打体育特色课程。

从各个教育集团的实践中，我们认识到：教育集团管理队伍之间坚持互通互融，和而不同，积极探索，才能形成一支团结合作、敢于创新、追求卓越的课程建设领导队伍。各领导小组根据各领域目标，负责课程方案的全程实施和管理，做到明确分工，责任落实，团结协作，最终提升了集团领导力，才能合理调动包括教师在内的资源，为集团课程的开发与建设创造无限空间。

（二）实现均衡化发展，提升教师队伍应变能力

教师队伍建设是集团发展、学校发展的重中之重，更是学校开发与实施课程的前提。因此，集团应加强“以人为本”的管理模式，从创新管理的角度，实施集团内联动，资源共享，打破集团内教师交流的壁垒，构建立体、多元的“教、研、训”模式，形成独有的集团联盟研训文化；还应着力在深化各自特色、加强日常互动、促进共建共享等方面，多思考、多实践、多总结、多反思，促进集团教师队伍均衡化发展。

1. 校际互助，丰富共建形式

近年来，常州市教育局鼓励通过集团化办学推进城乡教育一体化，扩大优质教育资源供给，以一体化办学、联盟式办学、结对帮扶、委托管理、城乡共建等多种形式，不断促进优质教育资源均衡化、普及化。

在武进区教育局的推动下，武进区湟里初级中学与礼河实验学校结成发展联盟，促进优势互补。两校结盟后，一方面发动教师献计献策，寻找推动两校共同发展的着力点；另一方面请来专家指导学校办学，对两校发展进行“把脉问诊”：丰富两校的文化内涵，在各自的文化理念大框架下，进行优势互补，做到和而不同，相融共生，共同提升干部的管理能力、教师的专业水平、学生的整体素养、课程建设水平以及教育教学质量。

常州市武进区实验小学教育集团采用“四教”模式：团队支教，与成员校每个学科组、教研组、项目组双向选择，签订“团队契约式”的支教协议，实行捆绑式发展；专职走教，专职教师到各成员校走教、兼职，推行跨校区、走校区上课；骨干带教，骨干教师到各成员校带教，从师德、师能等方面带动教师发展，服务周期为1—3年；优课点教，优质课通过自我申报、开出菜单、上网选择，让其发挥最大效益，优质资源得到充分利用。

武进清英外国语学校通过送教、带培，一方面将优质师资输送到各成员校内进行授课指导，并对成员校年轻教师进行相关教学指导；另一方面吸收成员校内的“潜力师资”进入清英外国语学校进行跟岗锻炼，参与课程设计、学校管理、资源开发等，并通过“师徒结对”“青蓝工程”帮助薄弱学校的教师快速成长。

常州市实验小学教育集团借助钟楼区教育文体局的“西进”教育计划，进一步扩大规模，组建了由5所学校组成的集团联盟，成为钟楼区“3366”工程之一，更大范围内发挥引领示范作用。在“教育西进、城乡互助”项目中，常州市实验小学教育集团的张祖润、陈美华、戴奕等名师每周一次定期到成员学校送教、带培。此外，各成员校骨干教师们也以“同题异构”“同课异构”的方式开展送教活动，以骨干引领的方式进一步提升开发与实施课程的能力。

从以上案例来看，集团之间开展多种形式的校际互助，不仅可以促进骨干教师的“流通”，加强集团内骨干教师的培养，而且可以发挥优质教育资源效能，传递先进教育理念，优化课程管理模式，实现资源共享和优势互补，推进教育均衡化、现代化进程，促进学校课程建设与实施，提升集团办学水平。

2. 互惠共赢，推广团队交流制

有相同教育理想的同伴一起工作，教师才能在研讨、交流中不断成长。集团实行团队交流制，将某一学科优秀教师组团安排到某个学科相对薄弱的校区，使他们成为流入学校的教学骨干，与所在学校成为发展共同体。组团流动让流动教师不再单打独斗，不再有孤独感，不再被边缘化，有了强有力的团队支撑。这样，先进的教育思想可以得到更快速推广、践行，流入校的优秀举措也会在第一时间得到其他学校的肯定。更重要的是，组团流动的教师回到本校后，依旧能够迅速融入本校。可见，组团流动可以实现共赢，让集团各校都迎来新的生长契机。

比如，在常州市实验小学教育集团，为了让“林—树”式课程更好地在平冈校区落脚、生根，集团采用了以下措施进行效果保证：首先，教师交流，骨干引领。核心校每年会派出近20位骨干教师前往平冈校区进行交流，渗透到各学科、各年级，带领平冈校区的教师们进行课程实践；同时平冈校区也将年轻的教师派往核心校进行交流，为其成长助力、加速。其次，联合教研，共同研究。自成立集团后，两校的教研活动就联合开展，统一时间，统一地点，主题提前布置思考，让平冈校区的教师尽快融入课程的研究氛围中去。

又如常州市局前街小学自实行集团化办学以来，在教育理念、学校管理、课程设置、教育科研、师资培养、教育评价等方面进行一体化管理的同时，十分重视集团核心校与成员校、成员校与成员校之间的学科优质资源共享和交流互动。既有统一的协调和管理，又有相对独立的教研，架构起了集团各校交流互动、相互促进学科教研的多向通道，实现了学科建设合作共赢、在传承中创新的集团教研目标。

从这些例子中可以看出，要促进集团校的课程建设，就必须大力促进教师发展，在集团内实施资源共享、团队流动，推动师资力量均衡化发展，提升教师队伍应变能力，切实促进教师队伍的整体提升。

（三）立足课程发展，提升教师专业素养

课程改革是教育改革的核心，教师是课程改革的主力军，课程的迭代创生，离不开教师的创造性。建立一支结构合理、素质优良、创新能力强、思维活跃的集团课程建设共同体队伍，是提高课程建设水平的关键。而教师在整个课程运作过程中都应充分发挥主体性和创造性，并以

此为基础培养和提升学生在课程活动中的主体性和创造性。[①] 因此，要保障课程建设长远发展，提升教师专业素养显得尤为重要。

1. 聚焦课改，探究促提升

在集团化办学背景下，课程内容的同步实施有利于凝聚各成员校和核心校，因此借力课程改革项目研究，实现集团化办学的发展，是一条重要的发展路径。

以常州市实验小学教育集团正积极践行的“课程改革深入实施”工程为例。集团全面推进省前瞻性实验项目，致力于课程建设；全面落实省测试分析项目，致力于教学改革；发挥学术委员会作用，规范课程改革过程；提升团队课程领导力，有效实施课程改革。随着集团课程改革的不断深入，各个课程基地建设正在有序开展。创建课程基地既有利于创设新型学习环境，又能全面提高学生综合素质和实践能力，促进教师专业发展，推动学校特色发展。近年来，集团各成员校在课程建设方面争先创优，积极申报省、市、区各具特色的活动基地建设项目，取得了显著成效。

总之，教育集团应聚焦课程建设与改革，凝聚所有成员校的教师，使之成为优秀的实践者；同时努力让集团教师成为自由的思想者，聚焦课堂变革，创设特色课程，形成教师共学共长的教育生态，努力打造集团教育品牌，促进集团教师的专业发展。

2. 立足课堂，教研促成长

要激发集团教师学科教研的主动性，建立集团化办学背景下的学科校本教研管理制度尤为重要。要在优质教研机制的带动下，通过联盟教研的方式定点定期开展联合教研活动，让更多的老师融入集团大家庭，一起研讨和分享，同时也通过多种方式引导教师思考“我是谁”，找到“角色”定位。

例如，常州市小学数学张祖润乡村骨干教师培育站，以主题研

① 李小红：《论教师的课程创生》，《高等教育研究》2005 年第 11 期。

究为抓手，推动“教师个人成长计划”的运作，紧扣重点项目，落实具体要求，将省特级教师及各校名师的研究成果以及区域小学数学教育研究的成果作为培训的资源，安排到培训课程之中，充分突显了专家的高位引领作用。另外，常州市实验小学教育集团开展的“优秀教学思维教案评比”活动，也是一种很好的立足课堂、促进教师深入开展学生思维培养研究的方式。

常州市武进区刘海粟艺术幼儿园教育集团的各园区集体学习中，成熟教师负责带领全组成员备课，针对教学中的疑难问题，组织本组教师研讨；骨干教师带领组内成员学习教育理论、师德师风和先进的教育、教学经验，提升本组教师的专业素养。同时各园区各组的带教指导中，均采取了师徒结对的方法，通过成熟、骨干教师的传、帮、带、教，如示范课、听课等形式，来提高新教师的教学能力，改进他们的教学方法。

常州市局前街小学教育集团在联合教研中，抓住四点发展教师。一是适时诊断，关注真问题。集团骨干教师进入教研组（备课组）与成员座谈，听取他们的困惑，筛选、梳理并抓住一些核心问题，引起组内教师的共同关注。二是适时启发，打开思路。在学期乃至学年教研的初期，各教研组内往往通过文献研究或集团名师（骨干教师）引领，打开研究的思路。三是适时碰撞，拓宽思路。在课例研究中，集团名师（骨干教师）通过上课或评课、议课，适时与成员学校教师进行思维碰撞，打开了成员学校教师的新思路。四是适时归纳，形成智慧。集团资源的介入，往往能提升年轻教师对各类教学问题的认识，促进他们系统地思考，不断积累、整理策略，形成自己的教学智慧。

通过长期的集团教研活动，教师们交流困惑、分享经验，探究教学策略，逐步明确了自己的教学追求，形成了自己的教学风格，对开展课程研究就更有信心了。

3. 立足课题，科研促发展

在不断探索课程开发与建设和深入研习课堂教学的基础上，对课题的研究无疑能让教师的专业发展走得更远。为了营造教育集团联盟校良好的研究氛围，给一些有科研意识、有较为清晰研究方向的骨干教师提供科研平台，集团应鼓励教师积极参与各类名师工作室，指导他们领衔课题，以“点”带“面”，形成核心研究团队。

常州市武进区实验小学教育集团依托集团教研的资源，以学科主题教研为载体，推进研修一体的校本教研，努力建设一支素质过硬的教师团队。学校提供平台支持，让教师自主发展；成立项目工作室，让教师个性化生长。除此之外，学校结合利用集团优质资源开展了“集团化办学背景下成员学校校本教研的研究”这一项目，快速提升了学校各学科教研的品质，提高了学科教学质量。

常州市实验小学教育集团围绕“分享教育”哲学，申报的“分享教育育人模式的实践探索与建构研究”获评省教育规划精品课题、重点课题，成为引领学校保持高位发展的重要航标。“十二五”“十三五”期间，学校分别承担了教育部立项课题和其他重点课题研究并取得重大成果。集团成员校新闸中心小学紧跟步伐，从教师发展、课堂变革、课程改革出发，形成了新一轮课题群。以省教研课题“构建‘学课堂’的校本实践研究”统领各学科，引导青年教师着力构建以“学习”为中心的课堂。目前，学校3项市“十三五”备案课题正如火如荼地开展研究。

聚焦课程建设，立足课堂，立足课题，在不断深入探索中，磨炼实践能力，在科研探究中，提升理论素养，才能真正促进教师队伍专业能力的提升，为集团课程建设打下坚实的基础。

三、完善课程建设，保障资源配备

教育集团要基于集团化办学的目标，围绕教师、学校发展，形成有利于课程研修的机制和有利于课程管理的制度，保障集团化办学的推进与运行，并最终使学生获益，使集团化办学的效应得以凸显。

（一）基于教师发展，完善课程研修机制

随着集团化办学的深入推进，教师的学习方式、教学方式、研究方

式也发生了变化，依靠集体智慧获得更快、更大的发展已经成为教师的发展愿景。基于这种认识，教师打破校际科研隔阂，跨越学科、学段界限，形成了研究、学习、实践融合下的教师共同体。这样的方式既促进了教师专业发展的突破，也给课程研修机制带来挑战。

1. 大雁领航——专业引领机制

在集团化办学背景下，优秀教师强强联合，形成名师工作室等大雁领航式的项目，能实现对全体教师较好的专业引领。由领衔人签订协议，填报项目研究和培养中青年骨干教师协议书，整体设计工作室三年规划，每年制订一份工作室实施计划。依托每个月的集团活动，采取主题研讨、课例研究、读书沙龙、专家讲座、外出学习等多种形式，扎实开展每一次项目活动。活动务求实效，在集团内广泛宣传，促进中青年教师积极参与。依托网络平台，由部分教师辐射至全集团教师，群策群力，聚集、整合优质资源，实现资源共享，相互学习、切磋、交流、探讨，在合作互动中提升专业素养、专业能力和专业精神。领衔人每半年作总结，总结好的经验和做法，反思不足之处。学校定期（年度）组织开展项目实施情况评估。

2. 活动展示——精神激励机制

在集团化办学背景下，学校要利用各种场合和时机，不遗余力地对课程领衔人取得的成绩予以肯定，让领衔人感受到自身的价值和工作的意义。学校鼓励教师定期参加学习、研讨，线上线下并行。研修内容紧扣课程开发、课堂教学、主题实践、案例研究四个维度，做到有过程，有记录。此外，学校还应组织观摩教学与交流，形成典型案例；开展论文、课例评比，形成成果；展示优秀成果和先进经验，辐射推广。教师日常注重研究成果的积累，研究论文的发表和获奖就水到渠成了，这也是对教师极大的精神激励。

比如，常州市实验小学教育集团每年都会举办年会，进行联盟优秀教师团队评选活动，不同课程的教师团队会采用三句半、小品等多种方式进行课程展示活动，杨文娟总校长也会亲临现场给优秀团队颁奖，以资鼓励。

3. 考核评估——物质激励机制

为了扎实推进课程建设，学校课程管理研发中心组建各课程研发团队时会建立课程评价制度；在课程建设过程中，会组织相关课程专家对课程目标、内容、实施过程及评价进行优化与调整，不断完善，最大限度发挥课程的育人价值。学校可以通过数字化平台，就课程实施的规范性、有效性、创新性及学生的喜爱程度等进行家长、学生互动式调查等。学校还可以通过定期与不定期相结合的方式对课程团队进行抽查，抽查结果在全校公示。每年度对课程开发成效显著的教师进行物质奖励，优先推荐评优评先。

（二）基于学校发展，完善课程管理机制

课程是学校发展与文化形成的核心。集团化办学背景下，各校要在充分调研学生需求、教师资源的基础上，融合国家课程、地方课程、校本课程，建构发展学生核心素养的课程体系，发挥课程的整体育人功能；努力探索适合集团化办学模式下的现代学校管理制度，理顺决策、执行、监督、保障等机制和环节，建立以共同进步为中心、以制度体系为框架、以规范程序为纽带的集团化办学运行机制，提高教育集团办学水平。

1. 建章立制，学校联动

教育集团牵头学校应负责初步制定教育集团章程，明确集团的宗旨、目标、组织机构、管理办法及各成员校的权利和义务等。同时，把课程研究规划纳入集团年度工作计划、三年发展规划、管理办法和考核细则等规章制度，确保集团核心校、成员校运转有章可循。

比如，2019 年常州市实验小学教育集团第一次联席会议在常州市新闻中心小学召开，各成员校全体校级领导及各街道、乡镇分管领导，围绕“争创新优质，共谋新发展”这一主题进行学校课程建设大讨论。基于教育集团“分享文化”，确定了“致力于让每一所联盟学校都成为‘常州市新优质学校’，为老百姓提供‘公平、普惠、优质’的教育”的理念。集团定期召开联席会议，阶段性地考评成员校的工作效率与效益，总结经验，提出整改意见与措施。

2. 人员流动，资源联动

实行集团化办学，是当前教育改革发展的重点工作。教育集团应积极探索教育集团内领导和教师的交流模式，根据办学需要推进教师（含中层干部）交流，合理配置教师资源，促进区域内各校各学科骨干教师比例逐步趋于均衡，集团内每年参加交流的教师（含中层干部）比例原则上不低于集团内教师总数的5%，牵头学校每学年至少安排1—2名教师到帮扶学校支教。要建立统一教师培训机制，促进教师专业发展，根据学科教学的实际需要，每学年至少安排几次集团内各学科骨干教师集中送教活动。还要采取有力措施，促进成员校之间的教育资源整合，实现集团内部课程、名师、校外活动基地等教育资源共享，实现优势互补。教育集团还可以建立“互联网+”交流平台，为各成员学校教师专业发展提供更为开放、多元、动态的网络资源，让信息化技术与现代教育深度融合，促进教师自觉自主地成长。

3. 经费保障，人心联动

教师的课程意识包括课程开发意识、研究意识、跨界意识和评价意识等。教师良好的课程意识是学校课程建设的重要保障。总体来看，常州市教师的课程理解和认同能力、监控与评价能力还比较强，但是课程开发和创新能力、设计和决策能力不足，正不断影响着学校课程实施和开发的质量。此外，由于许多教育集团办学规模逐年扩大，新加入的教师数量急剧增加，而这部分教师课程意识和能力相对薄弱，急需解决基本的教育教学问题，这种现状也给课程建设带来了难度。教育集团应在课程研发、课题研究、教学改革、教师团队建设等方面持续加大扶持力度。同时，还应根据教育集团的办学规模、活动情况、办学成效等因素，拨付一定的活动经费，奖励自主研发与创新实践校本课程的教师团队，对教师发表论文、编制资料等方面也要给予经费支持。

在学校这个生态系统中，课程建设将联动系统中的所有要素，如学习方式、教学时空、教师资源、评价体系和管理机制，而教师资源是最为关键的。集团化办学背景下，学校应打开教师的课程视野，优化教师资源调配，完善课程建设制度，利用现有的教师资源，挖掘教师资源的潜力，助推教师专业发展，不断提升教师的课程意识和实施课程的能力，从而通过课程变革来改变学校的原有生态，提高集团化办学的品质。

第三节　社会资源效能最大化

在课程的实施过程中，学校可以开展丰富多彩的活动，带给学生前所未有的体验；开发个性展示的平台，塑造学生自信大方的形象；对课外知识的获取进行指导，拓宽学生的眼界。学生在课程中创造，在课程中收获。集团化办学背景下，学校课程建设在社会各界的助力下，专家资源、家长资源、场域资源等相互融通，实现社会资源效能最大化。集团化办学为学校课程建设提供强有力保障的同时，也注入了新的活力，助推师生和谐共生。

一、专家资源助推师生加速成长

近年来，集团化办学已经成为政府整合教学资源，提升学校办学质量和推进区域教育优质均衡发展的重要举措。在集团化办学背景下，在专家的助力下，集团成员校能够互相借鉴学习优势项目，分享交流成功经验，抱团式发展，使社会资源效能最大化，为集团内教师、学生提供合作共赢、和谐共生、共同发展的环境。

1. 学科专家高位引领

为了有序推进集团内教师流动，帮助青年教师快速成长，促进教育教学均衡发展，保障教育教学质量稳步提升，各成员校应在学科专家们的高位引领下，让教师们抱团发展。

以常州市实验小学教育集团为例，在总校长杨文娟的带领下，集团开展了一系列卓有成效的工作，凝心聚力，分享辐射，不断壮大各成员校，使实验小学教育集团呈现出强强联手、各美其美、美美与共的格局。

首先是组建核心领导团队。在总校长杨文娟的带领下，进行了集团课程的总体规划，旨在将核心校成熟课程建设和实施的有效经验推广。各成员校也分别成立课程研发小组，基于学校底蕴，确定未来发展方向，并听取了省、市级领导和专家的建议和意见，在课程研发的交流中激发智慧、共生共长。

其次是形成骨干教师队伍。集团依托“教育西进、城乡互助”项目，开展名师送教、带培工作，张祖润、陈美华、戴奕等名师每周一次定期到兄弟学校传经送宝；此外各成员校骨干教师们也以“同题异构”“同课异构”的方式开展送教活动，以骨干引领的方式进一步提升开发与实施课程的能力。为助力新闻中心小学创建“新优质学校”，集团其他成员校骨干教师与新闻中心小学青年教师结成师徒，相约每星期二开展课堂研讨活动。集团还组建名师工作室，将志同道合、志趣相投的教师凝聚到一起，积极发挥优秀教师的引领作用，更好地为集团各成员校的教师培养服务。组建的十大学科的十多个名师工作室中，有些是由区级工作室的成员扩容而成，有些是省、市级名师工作室，广聚人才，互学共进。

此外，集团非常重视对广大一线教师的培养。每年都会有一定数量的教师在集团校内轮岗交流，跟岗学习，师徒结对。值得一提的是，每年一次的“银杏杯”论文评比已成为锻炼青年教师的品牌项目。这个项目坚持了五年，每年都会给出一个核心主题，供教师们在实践中去探究、去实践、去反思、去总结，并最终形成论文。到了暑期，集团约请专家团队进行盲评，评选出具有一定学术水准、高质量的论文，并编辑成册，印发给教师们学习借鉴。每到颁奖的时候，教师们都能聆听专家们的精彩点评，收获满满。

学科专家流动于集团各校，指导交流，充分考虑学校的实际及发展的前瞻性，引领学科课程与跨学科课程建设，实现三级课程的有效整合与不同形态课程的相互借鉴，有效地推动了集团课程建设。

2. 课程专家传经送宝

在集团化办学思想引领下，各成员校可以结合学校课程建设和发展需求，积极聘请课程专家，建设课程资源，让专业的人做专业的事，为课程实施和分享交流提供保障。

常州市新闸中心小学围绕电子电路、智慧编程等六门课程，架构学校创客教育课程体系，建成了包括“两廊、三厅、六室”的“创客一条街”，并成功申报成为全国青少年创客教育联盟理事单位。新闸中心小学把专家、名师请进来，参与实践研究，拓宽视野，加快核心教师的成长步伐。

常州市邹区实验小学是常州市首批信息技术学校、常州市创客教育基地、钟楼区创客俱乐部成员。基于此，学校对小学生创客教育活动进行研究。经过三年的实践摸索，研究团队成绩卓著，邹区实验小学已然成为孩子们敢于创想、勇于创新、善于创造的新天地。这些都离不开专家的倾力指导。

常州市钟楼实验小学基于核心素养，以培养“明礼、志学、乐群、向上”的学生为目标，努力构建钟楼实验小学的特色学科课程体系。在专家的高位引领下，学校从课程建设的高度提出建设“孝德”课程的目标，以成功申报江苏省教育科学“十三五”重点资助课题为契机，传承文化精髓。

常州市实验小学是常州市首批义务教育“新优质学校”，并成功申报了江苏省基础教育前瞻性教学改革实验项目。在常州市义务教育“新优质学校”评审中，专家组通过听随堂课、查阅台账资料、师生问卷调查、家长访谈、“草本园”课程实施情况的考察等形式，对学校的办学水平进行了全面、详细的检查、评估。专家组一致认为常州市实验小学办学理念先进，价值追求和教育立场明确清晰，课程建设有成效，教师团队有活力，学生发展有平台，办学质量得到社会认可。

课程实施过程中，教案的设计、案例的撰写，以及后期的课程评价等工作都是非常重要的，有了课程专家的经验分享，教师更好地成为课程建设的开发者、执行者，集团课程资源得以更好地共享。在这个过程中，学校的课程建设逐步发展起来。

3. 外聘专家智慧领航

集团化背景下，学校整体构建课程、进行课程资源共建的过程中，学校聘请的专家、顾问团队发挥了巨大作用，不仅在学科教学方面给予指导，而且在课程建设、班主任队伍建设等方面也进行引领，使社会资源效能达到最大化。

例如，教育专家引领班主任队伍建设。常州市实验小学教育集团成员校新闸中心小学定期进行班主任校本培训，聘请张小兰等名师指导班主任开展班级管理与建设，深入解读《中小学德育工作指南》。通过每月一次的班主任例会，对班级管理热点、难点问题进行沙龙研讨、经验交流。此外，还构建健全的班主任考核评估机制，组织开展青年班主任执教班会、优秀班会案例征集，提升班主任的课堂业务水平。集团成员校钟楼实验小学也以班主任的师德修养和专业能力为重点，定期开展班主任工作例会，组织班主任学习育人经验，交流工作心得，探讨工作方式；建立班主任工作网络平台，反馈班主任工作成效，促进班主任之间的互动交流；汇编学校班主任工作案例集，及时总结班主任工作经验；完善学校“育人奖”的评选，以班主任的育人事迹为主要评审内容，凸显班主任工作的育人特点；发挥骨干班主任的引领、示范和辐射作用，结合专家的引领，带动班主任师德修养和专业能力的整体提升。

又如，心理专家为学生提供咨询服务。常州市实验小学教育集团十分注重学生的心理健康工作。为进一步完善学校心理咨询室的工作，学校通过自培和引进，在原有基础上增加1—2名心理辅导教师，并聘请专家，为更多的学生提供心理咨询服务。常州市实验小学教育集团积极参与江苏省少年儿童基金会、常州市教育服务中心开展的“真爱护航”家庭教育活动，邀请常州市未成年人成长指导中心（中小学生心理健康服务中心）特聘咨询师为四、五、六年级的部分学生家长举办了题为“小学高年级学生身心发展特点及教育要点”的公益讲座。现场气氛轻松而热烈，取得了良好的效果。

其他集团校也紧跟集团的步伐，在集团统一架构设计下实施各类课程。在课程实施的过程中，外聘专家有着举足轻重的作用，社会上的爱心人士、心理专家、教育专家等积极参与，提供保障，贡献力量，用丰富多彩的活动引导孩子们在具体的生活情境中感受艺术、了解科学、掌握知识、体验生活。

在集团化背景下，学科专家高位引领，课程专家传经送宝，外聘专家智慧领航，社会各界人士积极参与到学校课程建设中。在集团的统一规划下，在集团各校个性化的实施中，课程建设如虎添翼，缤纷的学校课程让集团各校的师生生活变得色彩斑斓，为全体师生创造了丰富多彩的教育新生活。

二、家长资源为师生成长注入活力

家长是学校办学的重要资源，家校联动、家校合作，构成了促进孩子成长的教育共同体。家校有效合育，不仅有利于学校教育和家庭教育的健康发展，而且有利于社会教育的融合统一。因此，各教育集团都要积极开发家长课程资源，通过组建家委会、家长进讲堂、共建课程基地等形式，让家长成为学校课程的参与者，不断盘活家长资源，实现学校课程发展与家庭教育质量提升的共进。

1. 家委会：让家长成为课程的参与者

家庭教育是学生教育的基础，学校教育不能离开家长的支持、合作。

常州市实验小学教育集团在不断建设家长学校和发展家访活动的同时，把家长“请进学校来”，经过自主申报、双向选择，组建了“家长委员会”，使家校之间加深了解与互动，共同促进教育的科学发展。在组织结构上，家委会有校级、年级和班级三个层次。学校成立领导小组，设置家委会理事长、副理事长和理事，层层选举，定期换届，不断地完善家委会组织建设，还进行例会、培训、宣传等活动。

常州市实验小学平冈校区用一种崭新的组织形式将家长、社区以及社会的力量聚合在一起，形成教育的合力，从而实现“培养核心素养”的教学目标。学校积极邀请家长走进课堂，登上讲台，从一名旁观者变成课程参与者。学校的每次大型文体活动都邀请家长参与，家长代表和学校领导一起全程评价活动开展；在一些文化活动或综合实践活动中，学校还要求家委会参与策划、组织，集思广益，保障活动万无一失。比如学校的运动会、元旦热卖活动、“六一”庆祝活动，这些活动的成功开展，无一不得益于家长们的热心参与。在学校管理上，学校的各种项目建设，都接受着家委会成员的监督。平冈校区操场跑道建设、双桂坊校区原址改造、平冈校区校舍新建等项目的所有环节都经过家委会全体成员的公开听证。

常州市实验小学教育集团膳食委员会是家委会的职能部门之一，针对广大家长最关心的饮食问题，发挥家长的监督作用。学校成立的膳食委员会同样也是每年换届，每月都有例会。食堂打开大门，接受膳食委员会的监督，听取膳食委员会成员对菜谱的建议。这样的举措，增进了家校间的合作，让学校的管理更透明、更人性化，也更令家长信服、满意！

常州市邹区实验小学整合家庭教育、学校教育、学生自我教育的力量，形成“创·学·园”的新关系。完善“三级八部”家委会的组织建设，成立“金葵花”家长学堂。充分发挥家委会的自治和对学校教育的协管作用，明确各部门的职责和分工。丰富家长学堂的活动内容，促进家长与学生、学校以及家长间的沟通，形成家长参与学校管理的固定模式和活动项目。

如今，家委会参与学校建设和发展的成功案例不胜枚举，大多数家委会分为学校、年级、班级三级，家委会中又分设多个职能部门，招募各部部长。家委会根据各部门的分工和职责，依托各方面资源优势，指导各部门负责人落实相应工作，有序地策划和开展家长学堂活动，让家长们成为学校课程建设的参与者。

2. 家长进讲堂：让家长成为课程的实施者

新课程改革以来，我国实行国家、地方、学校三级课程管理制度，学校有了开发校本课程的决策权。《基础教育课程改革纲要（试行）》中明确规定“建立教育部门、家长以及社会各界有效参与课程建设和学校管理的制度”，这使家长参与学校课程建设成为可能。从教育集团视角来看，家长资源也是可以共享的教育资源之一。尤其是随着“80后”成为家长，家长群体具备了良好的学习能力、课程决策与实施能力，并且有参与学校课程建设和实施的意愿。让他们有目的、有组织、有纪律地参与到学校课程建设中来，可以促进学校课程决策主体多元化，从而保证学校课程的决策更加科学。

例如，让家长教家长。在“家长公开课”的专家团队中，有不少家长的身影，他们来自各行各业，精通各自行业的专业知识，让学校的教师们望尘莫及。让家长朋友们成为“家长公开课”的主角，主要出于以下几点原因：从教育目标而言，家长和教师，本来就是天然的同盟军；从教育资源来说，家长身上蕴藏着丰富的教育资源，存在着有效参与教育的巨大潜力，家校教育可以有效互补；从教育情怀来说，教师的成长需要思想的碰撞，需要交流，需要对话，需要开放。7年来，双桂坊校区、平冈校区共有8位家长成为“家长公开课”的主讲人，将自己的育儿经验、专业知识无私地分享给广大家长朋友们。

再如，让家长当评委。常州市实验小学教育集团的“家长公开课”活动还包括“一年级家长开放日”和“四年级亲子半日开放”。每年的春季学期，一年级学生的家长们会走进学校，参与三节孩子们和教师共同演绎的精彩课堂，课后通过扫描二维码的方式，对三节课进行点评。进入课堂的家长们纷纷表示：学校能提供这样的机会，让我们近距离接触孩子们的课堂，进入孩子们的校园生活，真是太棒了！能看到孩子们课堂中的表现，能看到孩子们在一起快乐用餐，能看到孩子们在操场上奔跑跳跃，是家长们迫切希望的，感谢学校！

家长资源可以通过教育集团放大，因此各成员校之间可以创建一些家校互通平台实现资源共享。每年的道德讲坛、阅读分享、健康生活等活动，都可以邀请家长来到学校。要积极引导家长参与课程决策，包括目标确定、内容选择、组织实施、评价审议等，利用家长资源给学校教育注入新的活力。

3. 课程基地：让家长成为课程的开发者

家长资源的丰富，不仅体现在家长可以进入课堂当讲师，还体现在社会资源的丰富。家长水平整体提高，对学校发展提出了更高要求的同时，也为学校提供了可以充分利用的资源。学校应充分利用家长资源，扩展课程内涵，丰富课程内容，让家长真正为学校发展助力。学校可以充分挖掘家长资源，和社会联动，让检察院、法院、消防大队、技工学校、敬老院、福利院等纷纷成为学校课程基地，为学生开展社会实践活动提供有利条件。

例如，常州市邹区实验小学家校社共建，借助家长自身职业优势，结合“创·学·园”项目基地，开展系列小课题研究活动。利用家长的特长及职业资源，面向学生开设相关讲座，渗透奋斗、创新、诚信、友善等精神，对教师的课堂教学进行有效的补充和拓展，助力实践活动的开展；随时随地注意市场资源中蕴含的生活之美、人文之养、科技之真、文化之韵等的正面引导，提升学生的品格。

又如，常州市钟楼实验小学秉持“开放办学”的理念，通过建构形式多样的家校合作新模式来提升学校管理水平，助力教育共同体的形成。学校定期召开专题家长会，更新家委会成员，筹建家长义工小组，让家长参与学校的管理。充分发挥家委会和“校外辅导员”的作用，探究学校、家庭、社区一体化的德育新模式。坚持每学期开好一次具有较高质量和较大影响的家长会。创建和完善几个校本德育基地，充分发挥课内外、校内外的互动效应，促进学校、家庭、社会共同参与教育教学工作。近三年，学校积极挖掘家长资源，以“孝德”为主题，以“家风建设”为主要形式，结合家长会、家长志愿者、家长学校等活动，邀请家长进校，围绕学生习惯和家庭教育，增加交流频率，拓展“家校沟通”方面的路径；打造品牌活动，形成学校德育特色，提升家校合作有效性，将良好家风的积极作用投射于学生的具体行为中。通过家委会活动、家长开放日互动活动等，建立家庭、学校、社会育人共同体，形成教育合力，通过实践、反思、重建，不断拓宽思路，关注育人价值，共同帮助学生成长。

在集团化办学背景下，家校合育的优势能最大程度地得以体现：丰富的家长资源充盈着学校教育的资源库；积极的家庭参与填补着以往这一方面的缺失；家校合育的良好效果正全面辐射。集团化办学更好地整合利用了家长资源，为学生创设了更好的成长环境。

三、场域资源高效利用，打造师生成长新空间

皮埃尔·布迪厄的场域理论中将“场域”一词定义为在各种位置之间存在的客观关系的一个网络，或一个构型。他认为：“在高度分化的社会里，社会世界是由大量具有相对自主性的社会小世界构成的，这些社会小世界就是具有自身逻辑和必然性的客观关系的空间，而这些小世界自身特有的逻辑和必然性也不可化约成支配其他场域运作的那些逻辑和必然性。”①

广义的社会教育资源是指能够保证社会教育实践进行的各种具有社会教育意义的资源及条件。狭义的社会教育资源指除学校教育资源与家庭教育资源外可供社会教育活动利用的一切资源总和。社会教育资源的特征主要表现在：种类形式的多样性、使用对象的宽泛性、功能发挥的两面性、生成过程的动态性、开放方式的复杂性。社会教育资源与教育资源、社区教育资源、学校教育资源、校外教育资源等概念既有联系，又有区别，需严格区分。

① 皮埃尔·布迪厄、华康德：《实践与反思：反思社会学导引》，李猛、李康译，中央编译出版社，2004，第134页。

而集团化办学中的社会场域资源则是将社会教育资源中特定的场域资源进行充分高效利用，使得集团成员校能够互惠互利，提高资源的利用率。

例如，常州市邹区灯具城建于1993年6月，坐落于享有“鱼米之乡”美誉的江苏省常州市西郊邹区镇，有营业店面1200多间，经营户600多家。主要经营民用灯、工矿灯、舞台灯、草坪灯、节日霓虹灯等各种灯具及厨卫小家电等。造型各异的灯引起了孩子们探究的好奇心。每逢元宵节，常州市实验小学教育集团的孩子们会进行一场花灯节的展演，聚集各校各班智慧，进行花灯制作。有的小朋友利用红包制作六角花灯，有的小朋友利用废旧材料制作创意花灯，还有的小朋友跟爷爷奶奶学习制作兔子灯。花灯节设计了几个项目的比拼，评选出最佳创意奖、最佳制作奖、最美花灯奖等，充分调动学生积极性和主动性，让传统文化不断传承。

又如，消防体验中心、消防中队实践基地在常州市实验小学教育集团平冈校区正式成立，设有消防器材展示区、消防知识挂图区、消防技能游戏区和疏散逃生练习区等。学生们课后可以随时进去参观、学习，还可以利用触摸屏在电脑上以游戏的方式进行实战模拟。所有的消防知识宣传，都是通过游戏和可爱的卡通动画进行，让孩子们在玩的同时，潜移默化地接受自救与逃生知识。如今，这些场所已成为集团校孩子们开展课外实践活动的重要资源，教育着每一个孩子，带动着每一个家庭。

再如，坐落在常州市新闸街道的北京机械工业自动化研究所有限公司，距离常州市新闸中心小学很近。因此，学校在创建科技特色课程的过程中，充分利用其资源，带领少先队员进行寻访体验活动，领略科技带给我们生活的全新变化，见识无人操作的车间，感受高速而便捷的大数据统计的无穷魅力，从而拓展了课程实施路径，激发了学生学习的兴趣。

让每一所学校都拥有持续向上生长的力量，让每个孩子都享有公平而更有质量的教育是集团化办学的目标。但光靠学校的教育教学资源，并不能满足日益增长的学生学习和生活的需求。寻找具有地域特色的社会场域资源，不断挖掘优质社会教育资源，并且形成资源库，应成为集团化办学社会场域资源发展的一个方向和新路径。

综上所述，课程的实施离不开社会资源的大力支持，通过对专家资源、家长资源、场域资源等的利用，能更好地关注教师队伍建设、教师专业发展，打造师生成长新空间，创造各类平台，引进各类资源，实现社会资源效能最大化，不断为师生的成长注入活力，引领集团课程建设走向卓越。

第七章 集团化办学课程的质量评估

课程是实施教学、承载人才培养目标、体现培养模式的基本功能单元，是知识传授、能力培养、素质提高的主要途径。因此，教学质量的提高，其关键落脚点是提高课程教学质量。而课程质量评估是保障和促进教学质量提高的重要手段。对集团课程实施质量进行评估的根本目的是促进学生个体的学习与发展，使学生具备面向未来复杂的、充满不确定性的社会的关键能力和必备品格。学生的这些关键能力和必备品格是衡量学校课程实施的终极价值取向。[①] 因此，对教育集团课程实施过程进行质量评估时，应建构课程质量标准模型，并将其分解为可供观察、评估的关键行为和关键事实。

第一节　集团化办学课程评价的质量标准

课程的质量标准是确保课程高质量实施的行动指南，为此我们通过积极建构集团课程质量标准模型，实现校际课程的均衡高位发展；从区域层面出台集团课程实施质量评估细则，规范、引领集团课程不断走向卓越。

一、集团课程质量标准模型

课程质量的高品质实施离不开标准化的课程质量模型。课程质量标

① 崔允漷：《学校课程实施过程质量评估》，华东师范大学出版社，2017，第 13 页。

准的构建当以泰勒提出的课程编制与开发的四个阶段为基准：确定教育目标，选择学习经验，组织学习经验，实施教育评价。可以说，泰勒以后的课程理论，都是“泰勒原理”的公式化。比如，泰巴的“课程设计的图式模型”在逻辑上也因袭了“泰勒原理”。他将泰勒的“选择学习经验”与“组织学习经验”进行了颠倒，提出了“选择目标—选择与组织内容（教材）—选择与组织学习经验（教学）—教育评价”四个过程，形成了“教育目标—教育内容—教学—评价”的课程结构。惠勒在其《课程过程》一书中也是以“泰勒原理”为基础，将自己课程编制的逻辑加以图式化，提出了“课程过程”的五个侧面：目的、学年、学科目标、教学目标的选择；有助于达到这些目的和目标的计划化的学习经验；选择提供了某种类型的经验的内容（教材）；关于学校或课堂内的教学过程的学习经验与内容的组织和综合；在实现了分阶段提出的目标时的全面效果的评价。①

鉴于此，我们将集团课程质量标准分为课程设计、教学设计与实施、评价体系以及学习效果等几大类。

表 7－1　教育集团课程质量标准

一级指标（准则层）	二级指标（方案层）	三级指标（描述）
课程设计	教学目标	课程目标明确合理，并且明确说明在课程结束后，学生将要知道或能够做到什么。
	教学内容	内容的设计与教学目的直接相关，知识结构合理；知识点覆盖面达到了课程定位的要求，教学内容的组织和安排得当。
		课程内容具有实效性。
	课程结构	设置一定的任务，如小调查、小测验、反思问题等，激发学生主动参与。

① 钟启泉：《现代课程论》，上海教育出版社，2006，第 266 页。

（续表）

<table>
<tr><th>一级指标
（准则层）</th><th>二级指标
（方案层）</th><th>三级指标
（描述）</th></tr>
<tr><td rowspan="13">教学设计与实施</td><td rowspan="3">教学设计</td><td>教师能适应学习活动，以学生为中心设计学习活动，课程设计能够清楚地反映学生的需要，包含学习的多种方法以及对整个课程掌握的多重水平，由单元和章节组成。</td></tr>
<tr><td>课程单元概述中描述单元教学目标、活动、作业等。</td></tr>
<tr><td>每节课的设计包括一节课的概述、内容和活动、作业和评定，提供多种学习机会和多种学习路径，让学生掌握内容。</td></tr>
<tr><td rowspan="2">教学资源</td><td>教学内容呈现方式符合学习者特征，提供与教学内容相关的丰富的资源，形式多样，并且包含注释。</td></tr>
<tr><td>在课程开始之前，学生可以获得足够的学习资源和材料；通过一体化设计建设多种媒体有机结合的立体化教材，根据学生的学习条件差异提供多种形式的学习资源。</td></tr>
<tr><td rowspan="3">教学方式</td><td>采用对话式的语言，精练且有感染力，例如用“你”“我”营造一对一的感觉。</td></tr>
<tr><td>能够吸引学生注意力，强调内容重要性。</td></tr>
<tr><td>根据课程要求和具体情况落实实践教学环节，提供实践方案或指导建议。</td></tr>
<tr><td rowspan="3">教师队伍</td><td>课程负责人与学科教师具有与课程相关的深厚专业背景，教学经验丰富，教学能力强，师德好。</td></tr>
<tr><td>课程负责人与学科教师具有丰富的课程建设经验，管理团队具有良好的组织管理能力。</td></tr>
<tr><td>学科教师有相关教学、科研论文和成果。</td></tr>
<tr><td rowspan="3">评价体系</td><td rowspan="3">学生评价</td><td>对学生平时的作业与练习等有适度的考核与评价，练习题或测试形式多样、题量充足，促进学生的自主学习，分析学生作业完成情况及效果是否达到教学要求，并将评价结果作为改善的依据。</td></tr>
<tr><td>注重对学习关键能力的培养，并有服务记录。</td></tr>
<tr><td>期末考试合理有效进行，帮助学生系统地掌握知识，提高应用能力。</td></tr>
</table>

（续表）

一级指标（准则层）	二级指标（方案层）	三级指标（描述）
学习效果	学习行为	学生的课堂参与度高，每堂课有不少于三分之二的学生掌握所学内容。
		学生对课程相关内容的浏览次数合理以及在相关论坛的发帖、回复和浏览的次数合理。学校能够有效监督学生学习情况。
		学生作业参与度及完成率高。
	学习成绩	学生成绩分布及合格率合理。

从学校层面进行课程评价时，教学评价是核心。因为教学过程正是课程实施的过程，在实践中确立教学评价重要地位的意识是不可或缺的。历来的教学研究多限于把教学作为“教授、学习和评价的过程”来把握。但从课程研究的高度来看，还必须同时从内容层面展开教学研究，即把教学作为“编制、实施、验证的过程”来把握。

二、集团课程实施质量评估细则

通常情况下，课程实施质量水平与学校发展水平呈正相关。对集团（学校）课程实施质量进行评估，就如同斯克瑞文所说的对课程实施质量的“价值判断”。以往的测验是以测量个人差异为目的的，而评估则是旨在检查制度，并为改进制度提供反馈。这样，评价不是去测量牵涉个人的特性，而是检查组织、计划等制度本身的作用，并提供改进的信息。①

课程实施质量评估就是把课程作为一种制度来把握并加以发展，其根本目的是检查“课程”这一制度，而不是甄别每一个学生的成绩。

例如，为进一步提升集团课程实施水平，提高教师队伍的整体素质，常州市实验小学教育集团结合钟楼区教育文体局对集团的考核，不断完善集团内部课程实施运行机制，从管理机制、队伍建设、资源

① 钟启泉：《现代课程论》，上海教育出版社，2006，第389页。

整合、品质提升等维度综合考察集团（学校）在机构制度、发展规划、教师培训机制、课程实施制度、研训机制、课程实施等方面的积极探索，从而构建导向明确、标准科学、体系完善的考核评价制度。

具体评估方法为：

1. 集团联盟课程评估总分由自评和区局考评两部分构成，总分为 100 分。

2. 自评中，幼儿园、小学以集团联盟为单位打分，初中以学校为单位打分，占比为 60%，并结合自评内容，提供相关电子佐证材料。

3. 区局考评由钟楼区教育文体局组织考核评估小组打分，占比为 40%。

4. 评估小组对集团联盟课程评估的结果纳入各学校年度考核总评中。

表 7－2　常州市钟楼区教育集团联盟课程实施质量评估细则（试行）

类别	项目	指标	分值	自评说明	自评分	考核分
管理机制	机构制度完善健全	1. 成立集团联盟课程实施质量评估理事会。	3			
		2. 理事会全年至少召开 4 次会议。	3			
		3. 建立课程评估管理制度。	3			
		4. 建立学期考核评估机制。	3			
	发展规划科学明确	1. 制定并实施集团联盟课程发展规划。	5			
		2. 各校每学期有课程建设计划及总结。	3			
队伍建设	骨干素质全面加强	1. 建立学科骨干交流制度。全年每校至少 1 人参与 2 周跟岗交流活动。	5			
		2. 建立集团联盟市级学科带头人联席会议制度，会议记录完整。	2			
		3. 学科骨干队伍素质整体提升，领军人才培养成效显著。	5			

（续表）

类别	项目	指标	分值	自评说明	自评分	考核分
队伍建设	教师素养整体提升	1. 完善教师双向交流制度。每个集团联盟每2年派出轮岗交流骨干教师至少2人（一体化校区间除外）。	4			
		2. 核心校与成员校建立“一对一”教师帮带制，并有效落实帮带要求。	3			
		3. 教师在教育教学评比或梯队发展上有成效。	6			
资源整合	课程内涵深厚彰显	1. 在文化理念、环境建设、评价激励等方面共研共育，整体提升内涵水准。	2			
		2. 各校基于校本，整体架构学校特色课程发展，着力培育独特的课程文化。	2			
		3. 各校学生素质教育成果显著，在各级各类比赛中获得佳绩。	8			
	课程项目成果显著	1. 协同共建集团联盟特色课程。	3			
		2. 集团联盟内每学期至少1次课程项目共建推进活动。	2			
		3. 核心校优秀项目、特色课程具有引领辐射作用。	3			
		4. 成员校课程、项目建设在区级以上获奖。	5			

（续表）

类别	项目	指标	分值	自评说明	自评分	考核分
品质提升	研训联动机制健全	1. 推进“互联网+”教育发展，建立科研培训联动制度，促进集团联盟内师生线上线下共同科研及活动。	2			
		2. 集团联盟每年开展集中培训，各成员学校参培教师不少于教师总数的30%。	2			
		3. 核心学校每学期组织学科骨干教师到成员学校进行示范教学不少于1次。	2			
		4. 每个成员学校每学期开设面向集团内学校的公开课不少于3节。	2			
		5. 各校每年在区级以上教科研评比中获奖。	5			
	质量评估制度完善	1. 建立统一的教学（保教）质量评价体系。	2			
		2. 每年至少进行2次教学（保教）质量分析。	1			
		3. 各校教学（保教）质量均有所提升。	4			
	集团课程显著提升	1. 集团联盟每年对外1次品牌课程交流活动。	2			
		2. 推进教育集团课程品质提升，集团联盟有成员校创成区级以上课程基地、特色课程、高品质课程等。	3			
	特色创新	集团联盟课程特色创新工作。	5			
总分						

第二节　集团化办学课程评价机制创新

课程评价标准是课程实施的风向标，它直接决定课程实施的路径和质量。义务教育阶段，尤其要建立健全各学科课程质量评价标准，以形成性评价和发展性评价为主，着力培养学生的学科核心素养，并用表现性评价来激发学生的创新潜能。在集团化背景下推进课程质量提升，应以高质量实施国家课程为中心，以校本化实施学科课程为拓展，创造性地开发课程评价机制，整体盘活集团课程资源，加快推进义务教育集团课程实施均衡发展战略。

一、基于课程实施质量的标准化评价

在多年的课程评价改革中，已经形成了一些经验性的评判标准，作为一种评判的日常意识在真实地影响着课程评价活动。比如关于教学的评价、学生发展的评价，很多教师会以新的教学理念、学生发展性理念为标准去作出判断。但这些日常的评价标准还只是潜藏于一些课程管理者、实施者的意识之中，评价时到底是出于“自觉”还是“趋附”并不清晰。因此，要形成普遍适用的课程评价标准，就需要在总结这些实践经验的基础上，达成一种基本的共识。这个标准要能够反映真实的课程实践情况。

对国家课程的基础部分的评价应采用“质量标准化评价”，即拟定各门课程的质量标准，依据标准，进行标准参照评价。质量标准包括指导思想、评价目的、评价原则、评价内容及基本要求等板块。

（一）评价思想

随着新一轮课程改革实验的全面展开，传统的评价体系越发暴露出其弊端：过分强调甄别与选拔的功能，评价对象基本处于被动地位，自尊心、自信心得不到很好的保护；过分关注活动结果，忽视被评价者的进步状况和努力程度；评价主体单一，忽视评价主体多元、多向的价值

观；评价标准机械、单一，过于强调共性和一般性，忽视个性和差异性……新课程需要新的教育评价，新的教育评价观应凸显教育评价的发展性功能，强调评价主体的互动和参与，评价内容与方式、方法的多元化，以及评价过程的动态发展等。

（二）评价目的

课程评价具有检查、诊断、反馈、激励、甄别和选拔等多种功能，其目的不仅是为了考查学生达到学习目标的程度，更是为了检验和改进学生的学习和教师的教学，改善课程设计，完善教学过程，从而有效地促进学生的发展。

比如，常州市实验小学数学学科树立“以人的发展为本”的新评价理念，积极展开了“小学生数学学习发展性评价”的探索。在评价中，力求克服以教师评价为中心、以结果评价为中心、以认知评价为中心的观念，重视学生学习态度的转变，重视学习过程的体验，重视方法技能的掌握，重视学生之间的交流与合作，重视动手实践与解决问题能力的锻炼，重视学生正确的情感、态度和价值观的培养。努力实现“知识与技能”“过程与方法”“情感态度与价值观”三个目标的整合，力求从数学教学活动的全局出发，建立一个全方位、多维度、多层次的立体化教学评价结构体系，形成一个相对评价与绝对评价相结合、单项评价与综合评价相结合、数量评价与质量评价相结合、他人评价与自我评价相结合、教师评价与学生评价相结合的全面性评价网。进而做到有效地引导教师改进教学设计，完善教学过程，提高评价质量，促进学生全面发展。

在实施评价改革过程中，数学学科组以科学理论为支撑，以课堂教学为主阵地，以突出评价的发展性功能为核心，重点突破三个难点：一是数学教学目标的全面实现；二是促进师生的互动发展；三是评价形式和手段体现丰富与简约的统一，初步形成科学合理的数学课堂教学评价体系和学生学习活动评价体系。

（三）评价原则

1. 发展性原则

评价的根本目的是促进学生达到目标而不是检查和评比。发展性评价着眼于学生的可持续发展，评价不是为了给学生下一个定论或是给学生排名，而是用于分析学生存在的优势和不足，并在此基础上提出具体的改进建议。

2. 过程性原则

学生的发展是一个过程，促进学生的发展同样要经历一个过程。过程性评价强调收集并保存表明学生发展状况的关键资料，对这些资料的呈现和分析能够形成对学生发展变化的认识，并在此基础上针对学生的优势给予学生激励，对其不足之处给出具体的、有针对性的改进建议。

3. 多元性原则

评价应由主观评价和客观评价协同作用来完成，应形成学生自评、同伴互评、家长参评、教师综合评定相结合的民主的、开放的网状结构评价体系。尤其提倡发挥学生在评价中的主体作用，改变过去学生被动接受评判的状况。学生更多地参与评价过程，在评价资料的收集中发挥更积极的作用，能使评价的过程成为促进学生反思，加强评价与教学相结合的过程。这种多元、立体、互动的评价不仅能有效地提升评价的科学性，还能帮助学生形成一定的思辨能力和正确的价值取向。

4. 差异性原则

要依据学生的不同背景和特点，正确地判断每个学生适合发展的方向及其发展潜力，为每一个学生提出具体的、有针对性的建议。

5. 公平性原则

评价的目的是调动被评价者的积极性，起到激励进步的作用，所以建立评价体系时，其价值判断一定要全面、客观、公正，需要量化成分数的，尽量使其权重恰如其分、科学合理，使被评价者感到衡量自己的这把“尺子”是科学的、较准确的，而不是随意的、模糊不清的。只有评价结果得到被评价者的认可，才能激起其认同感和竞争意识，从而主动积极地参与评价活动。

6. 可行性原则

建立科学的评价体系，必须处理好科学性与可行性的关系，要在可行性基础上，注意科学性。尽量使评价指标简单、明确、具体、可操作，尽量避免评价失真现象。

（四）评价内容及基本要求

评价内容及基本要求的制定，应考虑不同学校、不同学科的实际情况。以常州市实验小学为例，学校各学科紧紧围绕课程内容，从学科核心素养达成的角度制订能全面反映学生课程学习能级水平的评价内容，明晰基本要求。比如，语文学科根据《语文课程标准》中各阶段目标的划分，从阅读、习作（写话）、口语交际、综合性学习、写字等五方面来构建学校的语文学科质量评价体系。同时对于课外阅读提出明确的要求，形成了课外阅读的阶段目标（节选内容详见附件 1）。数学学科围绕数与代数、空间与几何、统计与概率、实践与综合运用等领域细化评价内容，从知识与技能、过程与方法、情感态度与价值观等维度提出具体要求，为课程的高质量实施提供了依据和方向（节选内容详见附件 2）。

二、基于学生综合发展的大数据多元评价

课程的动态性决定了课程评价绝不能追求“一锤定音”，而应该是对课程参与者及课程全过程、全方位的关注，即包括对教师的教、学生的学、课程设计、课程实施、课程效果等进行的评价活动。钟启泉认为，所谓课程评价，就是以一定的方法途径对课程计划、活动以及结果等有关问题的价值或特点作出判断的过程。① 对课程过程的关注扩大了课程评价研究的视野，将课程参与者纳入课程评价的范围，使课程评价认识到人在课程中的地位，注重人的价值。同时，注重课程价值生成的过程性，使课程评价不再局限于课程目标达成及课程内容价值，而关注了课程实施过程的价值。

---

① 钟启泉、李雁冰：《课程设计基础》，山东教育出版社，2003，第 485 页。

具体实践过程中，可以从课程实施过程和结果的角度进行课程审议，反观课程设置的效度，以便于更好地调整、完善课程，使课程更具适切性。

例如，常州市实验小学教育集团依托现有信息技术条件，将大数据评价功能融入学生的学业评价与综合素养评价。同时积极利用大数据参与过程性评价与终结评价的即时生成、快捷高效与科学精准的优势，促进学业评价多元化与素质评价结构化。下面我们就以常州市实验小学教育集团的实践历程进行分析。

（一）大数据介入课堂，激励师生多向互动

教育信息化的推进，让基于技术的学习方式成为可能。常州市利用“尚学”平台重塑学习过程，进行数学等学科的教学尝试，把学生从相对封闭的纸、笔、书本与有限的教室空间解放出来，融入强大的数字化学习环境和丰富的学习资源中，让他们以全新的方式自主学习、自我充实、自我发展。如今，学校数字课堂的便携式移动终端、丰富的校本资源库、自主选择的学习小软件，既方便学生交往互动，也利于实时获得个性化的反馈。尤其是不同内容与层级练习所生成的多维数据，促进了教师对学生学习过程中动态信息的全面了解与科学分析，使教学活动更有针对性、科学性。与以往单纯地着眼于单元测试分数或期终测试分数相比，这些变革将更有利于即时性的问题诊断与教学评价，提升了学生课堂内外自主学习探究的实效。

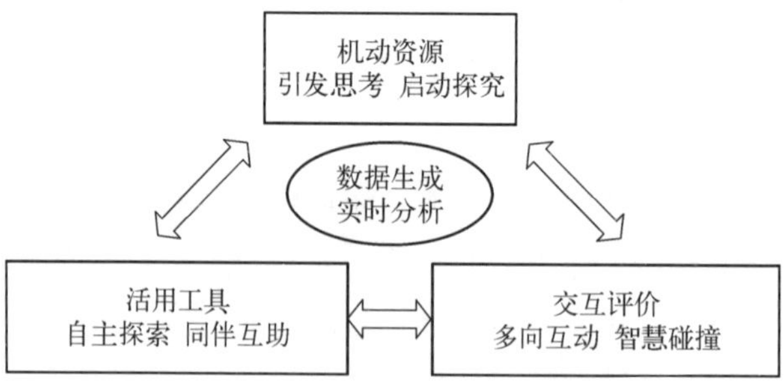

图7－1 “尚学”平台重塑学习过程机制

（二）大数据介入测试，积累丰富反馈信息

为了更好地凸显过程性评价，集团引入了“创鸿”平台、“珠峰”平台等评价产品。在基于核心素养的学科关键能力建构背景下，尝试分学科设置学业评价标准框架，细化学生能力培养内容与测试权重，为科学、有效地分析和评价教学质量寻找依据。

评价的工作流程包括测试工具开发、实施测试、评分标准研制、阅卷、数据录入整理、数据分析与报告撰写等。学科关键能力的评价是基于数据的实证式分析，因此集团尽可能地采用计算机阅卷系统，从不同校区到不同班级，从具体题型到个体答题情况，系列化规范测试数据分析、问题诊断的过程，保证测试结果的科学性、精准性。通过对学生不同层级发展水平的诊断，分析学校或集团学生学科关键能力发展状况，促进教学经验或成果的总结提炼，服务于教学质量的整体提升。

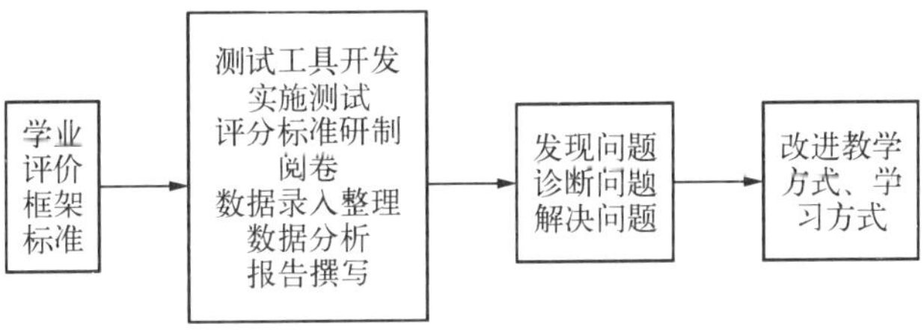

图7－2　评价的工作流程

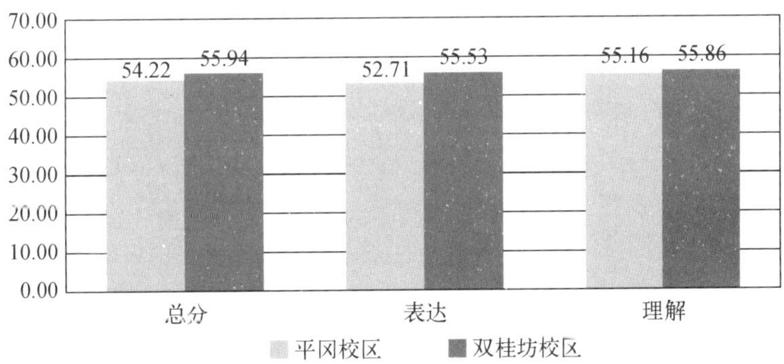

图7－3　双桂坊校区和平冈校区学生语言能力分析图

分数段	双桂坊校区2011级（1）班		双桂坊校区2011级（2）班	
	本段	累计	本段	累计
[95,100]	12	12	8	8
[90,95)	9	21	10	18
[85,90)	10	31	11	29
[80,85)	5	36	3	32
[75,80)	5	41	3	35
[70,75)	2	43	2	37
[65,70)	1	44	1	38
[60,65)	1	45	1	39
[55,60)		45		39
[50,55)		45	1	40

图 7－4　双桂坊校区两个班级计算机阅卷数据反馈

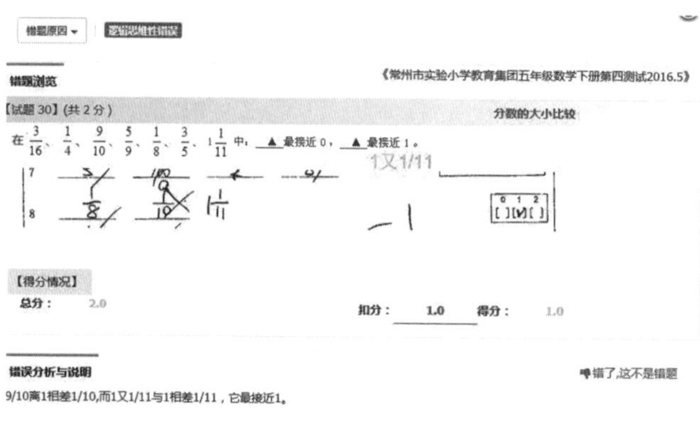

图 7－5　平台中显示的某答题界面

维度	分维度		分值	平均分
语文	拼音	声母	原始分（M±SD）	1.54±1.18
			掌握程度	10.78
		韵母	原始分（M±SD）	5.21±3.89
			掌握程度	22.57
		音节	原始分（M±SD）	9.35±3.02
			掌握程度	声母+鼻韵母
	识字量	听音识字	原始分（M±SD）	6.5±3.8
			掌握程度	2625 个
		看图识字	原始分（M±SD）	8.83±3.01
			掌握程度	2625 个

注：1、原始分为实际答对题数，掌握程度为该学科领域实际的掌握情况，下同；
2、M±SD 表示平均值与标准差，SD 表示差异程度，值越大，群体差异越大。

图 7－6　平冈校区 2015 级一年级新生语文发展现状评估结果

（三）大数据介入综评，科学评价学生素养

在集团课程体系中，“乔木林”课程、“灌木丛”课程与“草本园”课程部分内容的评价不以分数为标准，更倾向于过程性、表现性评价。为此，常州市实验小学教育集团双桂坊校区引入了“小思学院”等综合性评价平台，科学合理设置评价项目。一方面，学校对“乔木林”课程的拓展内容进行日常过程性评价，如基于“互联网+”，以“阅读网银”为载体的评价方式，突破“大量阅读难以评价”的困境，既引导学生课外阅读，又能及时反馈，发挥激励作用。另一方面，学校为学生个人、

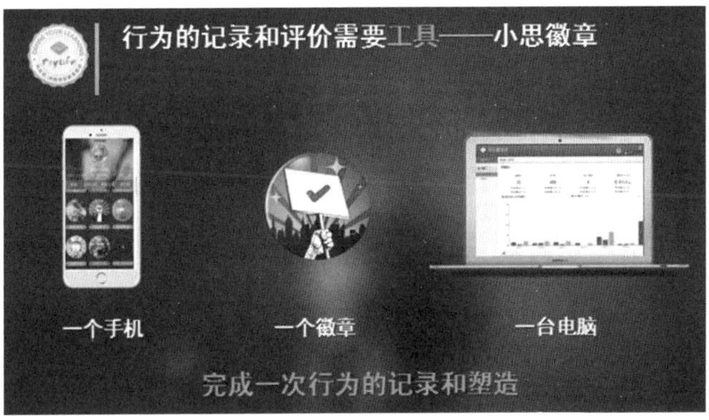

图 7－7　综合性评价平台

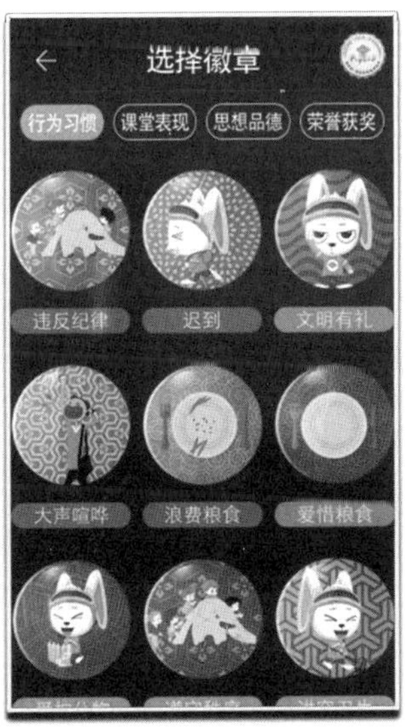

图 7－8　小思徽章界面

图 7－9　以“阅读网银”为载体的评价方式

年级、班级、社团等开办学习成果展、作品展，让有不同特长的学生进行才艺展示、表演，师生共同评定，并授予不同类型的徽章，让学生因“不一样的我”获得肯定与鼓励，同时也能科学合理推进学校全面育人的综合素养评价工作。

三、基于学生个性发展的第三方评价

近年来，国家大力推进教育管办评分离，倡导委托社会组织等开展第三方评价。《中共中央关于全面深化改革若干重大问题的决定》提出，要“深入推进管办评分离”，并明确要求“强化国家教育督导，委托社会组织开展教育评估监测”。

2015 年 5 月，教育部发布《关于深入推进教育管办评分离 促进政府职能转变的若干意见》，对深入推进教育管办评分离提出具体要求，明确“支持专业机构和社会组织规范开展教育评价……扩大行业协会、专业学会、基金会等各类社会组织参与教育评价……引入市场机制，将委托专业机构和社会组织开展教育评价纳入政府购买服务范围”。

在学校评价中，构建第三方评价机制，具有迫切的现实必要性，现在也拥有了很好的政策环境。引入第三方学校发展性评价机制，对学生和教学评价进行改革，同时采用多主体参与的课程需求评价分析，才能更好地让课程真正服务于每一个学生。为了切实把握学生究竟需要什么课程，哪些课程内容更适合学生的学习，学校每学年应举行一次课程自身评价，请学生、家长、社会贤达、校学术委员会等组织或人员对学校的课程进行评估。

第三方评价能否实现预期目标，关键是要看第三方评价机构的专业技术水平如何，是否能拿出科学的评价方案，得出客观的、准确的结论。第三方机构要不断提升自身的评价能力和水平，确保评价的科学性和专业性。有研究者建议，评价方法要注重多样化，调查、访谈、座谈、文献分析（基于评价对象发展历程的资料分析）等方法均可使用。资料的形式也要多样化，评价者尤其要注重质性资料的收集，并要注意资料整理与分析的科学性和准确性。①

在评价方法的选择上，要正确认识到量化评价和质性评价各自的优点和缺点，不要迷信某种评价方式。评价时，不要“只见森林，不见树木”，忽略教师和学生的个性和多样性；也不要“只见树木，不见森林”，只看到个别教师和学生的精彩，忽略了整个教师群体、学生群体乃至全校工作的整体水平。客观公正的学校评价，需要两种评价方式的有机互补。“学校的教育实践是支撑每一个学生发展的一种文化，是整体性、综合性、具体性的活动。因此，量化评价、质性评价都重要，需要根据学校评价的目的与课题，兼用两种评价方法。”② 此外，还要加快信息数据平台建设，走评价科技化之路。在进行评价改革的具体操作过程中，特别强调“改进评价方式和方法”，注重对每个学生进步的程度和学习的努力程度进行评价，改变单纯强调结果、不关注发展变化的做法。③

以常州市第二实验小学教育集团北郊小学为例，学校利用第三方平台对课程实施质量进行大数据采集、挖掘和分析，对学习即时反馈、过程追踪、精准测量。每个学生都可以有自己的学习数据库，可以生成更科学、更个性的学情报告。正因为有了个性化的评价标准，学生才有可能实现学习的个性化。

综上所述，集团化办学的课程评价应是多元的，既需要基于课程质量的标准化评价，又需要基于学生综合发展的大数据多元评价，还需要基于学生个性发展的第三方评价。在实践过程中，要通过对评价机制的创新，发挥评价的最大效能，促进集团课程的健康发展。

---

① 刘志军、李良虎：《发展性学校评价提升学校专业性之路径分析》，《教育测量与评价（理论版）》2009 年第 7 期。

② 钟启泉：《“学校评价”的作用与实践——与日本教育学者大胁康弘教授的对话》，《全球教育展望》2004 年第 12 期。

③ 徐昌和：《中美学校评价比较研究：组织、标准与实施》，博士学位论文，华东师范大学教育科学学院课程与教学系，2014。

第三节 集团化办学课程效能比析

集团化背景下的课程建设与实施，增强了集团成员校的凝聚力，使集团各校焕发了生机，极大地提高了师生对于集团课程文化的认同，在集团课程理念的指引下，一些教育集团在学校主动发展、教师专业成长、学生素养提升方面成绩斐然。

一、提升成员校办学品质

有研究发现，不同的集团化办学模式能产生不同的成效。其中“名校＋新校”模式有利于直接帮助新校发展，实现名校教育资源的再生；“名校＋民校”模式能够推动民办中小学的发展，弥补公办校的不足，同时通过吸收民间资本办学，为基础教育的发展获得更多的资源支持；“名校＋农校”模式对于改善城乡教育资源分布不平衡的状况具有重要意义。①

总的来说，教育集团化有利于集中管理、统一运作、共享资源，在集团化办学背景下的课程实施，有利于集团内每一所学校确立本校在集团内的角色以及承担的责任与义务，在集团办学愿景的引领下，明晰学校的办学追求，思考学校办学的优势与不足，提升学校的办学内涵。

> 例如，常州市龙城小学作为局前街小学教育集团的成员校，传承局前街小学办学理念——“教育是一种生命关怀”，着力建设一所充满希望、充满阳光、面向未来的学校。学校参与的“小学‘体育＋’育人生态的构建与实施”项目已经被评为常州市基础教育前瞻性教学改革实验项目，学校作为项目实施的核心校，进一步挖掘“体育＋”育人模式的价值内涵，围绕学生核心素养的提升分层设

---

① 薛文涛：《中小学教育集团化的形态、矛盾及其破解》，《教学与管理》2015 年第 31 期。

计“体育+”育人生态圈，探索“体育+”生态育人的实施路径和实施策略。在集团化办学背景下，“体育+信息”课程建设不断完善，逐步成熟。学校师生的体育素养与信息素养不断提高，逐步形成个性化、多元化的专业脉络，呈现螺旋式上升的良好态势。随着项目研究的全面展开，学校在各类体育比赛中获得佳绩。项目的实施激发了师生学习和创造的积极性。2019年，校棒垒球、足球、击剑、排球等俱乐部在区、市、省，甚至全国比赛中屡创佳绩。其中，击剑队、棒垒球队、足球队均获得常州市团体冠军，棒垒球队获得了全国棒垒球锦标赛一等奖。2019年，学校先后被评为“全国网球特色学校”“击剑市队校办学校”。学校还被评为教育部“STEM教育课程教学改革”项目实验学校、常州市科学教育综合示范学校。

又如，常州市新北区三井实验小学教育集团推动集团阅读课程，编著了《求原语文课堂读写专项研究》、《全息阅读与儿童版画课程》、《全息阅读指导手册》（教师版）、《全息阅读，为儿童打开一个新世界》等书籍，产生了广泛的影响。核心成员多次受邀外出开展讲座，在各级范围进行“全息阅读课程”主题汇报，区域影响不断向更广、更深处延展。集团还与苏北5所农村薄弱校开展阅读领航计划，与北京、深圳等发达地区建立阅读共建学校4所，与无锡、苏州、南京的5所学校成立阅读研究联盟。仅2018年，学校接待省、市级外校来访团队10个，全息阅读基地深受来访宾客青睐。2017年4月，徐燕娟校长受邀参加南京师范大学教育科学学院组织的南京市雨花台区教师专业发展项目活动，作了主题为“一本书的阅读——全息阅读的理论与实践”的汇报。徐燕娟校长作为常州工学院客座教授，每年为新疆班的校长、老师作关于全息阅读实践研究的专题汇报。2018年12月，项目领衔人受邀参加北京市大兴区教育委员会组织的阅读项目推广活动，作了“全息阅读，为儿童打开一个新世界”专题汇报。全息阅读品牌由区市走向全国，扩大了学校的社会影响力，提高了学校的知名度。

二、促进课程资源融通共享

共享，是集团化办学过程中的一个关键词。有专家指出，“教育集团能发挥出集聚教育利益相关者共享能量并形成共享场的巨大优势”。首先，教育集团拥有大量优质教育资源，为教师的共享提供一定的知识和智慧来源；其次，教育集团作为一种教育组织，尽可能为共享提供知识和能力增长的环境和组织氛围；此外，对内赋权、对外开放的教育集团为教师和校长提供了足够的共享的自由空间，更为校际和人际互动共享提供了充分的共享场域。①

集团课程建设在一定程度上实现了各成员校之间的基础设施、教学设备、师资力量等资源的融通共享。就资源融合而言，集团化办学能很好地整合多方面力量，将孤立、零散、碎片化的课程资源进行合并和统一规划。就资源共享而言，集团化办学将区域内的名校或拥有优质课程资源的学校作为学校课程建设的支撑核心，在帮助弱势学校或与其他学校合作的过程中，通过教育集团组织形式的运作，实现最大限度的资源共享，从而推动集团校课程建设的均衡发展。

> 例如，常州市钟楼区五星教育集团在课程建设中，紧扣集团内各校的发展优势，以数字化学习为课程建设的突破点，确立了数字化资源库的交流共享机制，将数字化研究过程中积累的数字化工具、微课程等进行聚合，方便集团的每一位老师选择调用，提升各校学生的学习体验，同时弥补各校之间的差距，形成集团校的合力。在研究的过程中，五星教育集团注重资源的积累与分享，“希沃授课助手”“Explain Everything”等App开始在集团校的老师中普及，数字化课堂的工具小软件如“图形活动”“GgeoGebra”等在学校间分享推广。集团校还根据自身特点，开始逐步构建系列“微课程”。如数学学科，形成“珠心算”系列、“工具使用”系列等；语文学科

---

① 杨晓莹、杨小微：《共享发展：基础教育集团化办学的路径探寻》，《教育发展研究》2020年第2期。

形成“识字教学”系列、“主题阅读”系列等；英语学科形成“口语练习”系列、“语法教学”系列等；篮球课程形成“技能学习”系列、“实战运用”系列、“趣味活动”系列等；陶艺课程形成“泥条盘制”系列、“手捏”系列、“泥板”系列等。

教育集团内教育资源的共享、办学经验的共享、课程资源的共享最终促进了集团内各校在原有基础上的特色发展和优质发展。

三、促进集团校均衡发展

集团化办学背景下的课程建构与实施，有助于实现课程优势资源的共享、课程管理经验的互相借鉴、教学研究的联动，从而实现优势互补，互促共生。从常州市集团化办学的很多案例中不难发现，成员校与核心校之间不是简单的“复制”与“被复制”的关系，核心校除了输出先进的办学经验、课程理念、管理模式外，在充分尊重成员校办学历史、挖掘成员校的办学资源、放大成员校的办学优势的基础上，实现了集团发展的统一性和各校特色发展的独立性的统一。

如常州市实验初级中学教育集团课程建设倡导“和而不同”，总校的教育理念、课改成果、师资优势、社会影响力等教育资源辐射到分校，使分校的管理迅速步入规范，两校在共同愿景的引导下，主动学习集团的学校课程建设模式，逐步认同并接受它。在总校的帮扶之下，分校以更加积极的心态投入集团的课程建设活动中，享受课程建设的成果，分享课程建设的喜悦，在集团支持帮扶、成果共享的过程中，落实学校的课程建设，走出困境，实现课程建设质量的逐步提升。

常州市武进区星河实验小学教育集团建构了集团化办学视野下的“儿童创想”课程体系，根据“儿童创想”课程的思想理念与策略，在集团内6所学校进行“儿童创想”课程的推广使用，每一所学校采用“儿童创想课程的范式＋”方式推进本校课程的整体建构与实践育人，不断丰富着学校的内涵、提升着学校的质量。“‘儿童创想’课程范式的实践建构”项目，为以课程为引擎推动学校发展提供了四种可能：一是为较短周期内办一所优质学校提供了可能；二是为教育行政部门课程建设形态提供了可能；三是为儿童的学校生活提供了另一种可能；四是为大规模学校通过课程激励师生提供了可能。集团内6所学校分别被评为中国未来学校示范校、省首批基础教育前瞻性教学改革实验项目校、教育部校本课程项目推进校、省科学特色教育示范学校、中国新样态实验学校、全国优秀科普基地、全国人工智能特色学校等，为素质教育提供了新范式。

常州市鸣珂巷幼儿教育集团在“乐文化”特色基础上，创设“乐环境”、实施“乐管理”、构建“乐课程”。在统一的“乐文化”引领下，集团4个紧密园区的课程建设各有特色，实现差异化发展：鸣珂巷幼儿园实施“乐享科学”课程，天润幼儿园实施“乐享艺术”课程，宝龙幼儿园实施“乐享自然”课程，万福园区实施“乐享表达”课程，各园区都统一于“乐教育”理念之下。在此基础上，每个园区享有课程建设的自主权，在集团各园区园长的引领下，根据各园区实际情况、周边资源开发各园区的特色课程，保证各园区的特色发展。特色课程的实施让鸣珂巷幼教集团被评为江苏省STEM教育先进集体、中国高瞻课程实验园、常州市游戏化项目园组长单位、常州教育重点改革创新项目园、常州市教育创新项目团队；“主动性学习理念下幼儿园混龄教育实践”获评江苏省教育科学“十三五”规划精品课题。

四、促进师生发展

集团化办学推动了资源共享，成员互动，增强了优质资源的辐射作用，使学生的综合素质得到了整体均衡发展。在集团化办学背景下的课程实施，由于有了核心校在课程改革中的引领作用，创新了课程资源内容，创新了课程实施样态，创新了课堂文化和师生关系，更新了教师的教育教学理念，促进学生综合素养的提升。

如常州市局前街小学教育集团"儿童成长节律"课程的开设，创新了学校校园生活，彻底改变了传统的以"学科知识学习"为中心的生活节律，提倡以"人本、自然、社会"为背景的全面育人生活节律，提升了学生综合解决问题的能力。根据调查统计，实验校与对照校学生在理解问题能力和表述问题能力方面不存在显著性差异，但在辨别问题能力、解决问题能力、反思能力和交流能力这四方面能力上，实验校学生的能力等级要高于对照校学生；从综合解决问题能力来看，实验校学生的均值高于对照校学生，说明实验校学生在综合解决问题能力上等级要高于对照校学生。

星河实验小学儿童创想课程是对"立德树人"育人目标和中国学生核心素养培育的创新实践与探索。创想课程为集团各校6—12岁儿童好奇心、想象力、创造力等学习品质培养提供了操作实践范式，为学生的创想力培养提供最佳的条件，创想课程让学校的每一个角落时时刻刻都能激发学生的学习意识与行为，让"创想学校"充满儿童的风景、儿童的气息。通过第三方评估机构对学生的科学评估，星河实验小学教育集团各校学生的六大素养均高于地区平均值，科学精神、实践创新能力发展尤为突出。学生有较好的品性，自主、自信、有个性、知识面宽、善思考、爱质疑、想象力丰富、有批判性思维。这两年中，星河实验小学教育集团诞生了9位省、市少年科学院"十佳小院士"，获得世界头脑奥林匹克比赛团体奖2项，1位学生获得全国青少年科技创新大赛一等奖，在省、市、区的青少年科技模型比赛以及常州市中小学生创客比赛中获得20多项团体一、二等奖。

集团化办学背景下的课程实施，盘活了课程资源。比如通过集团的教师的流动盘活教师尤其是名师资源，在骨干教师的引领下形成学习共同体，为促进教师的专业发展搭建了平台。在课程实施的过程中，集团通过跨校备课、联合教研、集团教学成果分享等方式，充分发挥了骨干教师在教学、科研方面的辐射作用，产生了积极的影响和正向的集群效应。由此，促进了教师教育理念的转变、教学能力的提高、科研水平的提升，加快了教师专业发展的速度，集团内教师发展的均衡度不断提高。

常州市实验小学教育集团通过成立各学科智慧分享工作室，由集团中的各位名师领衔，招募集团各校青年骨干教师成立学习共同体，定期开展备课、研课等活动，促进集团青年教师的抱团发展；集团组织一年一度的“银杏杯”论文比赛，以集团课程建设为主题，围绕课程建设中的一个点号召集团内所有成员开展实践研究，最终提炼成论文在集团内分享交流。有目标、有抓手的集团课程建设促进了教师的专业发展。2019 年度，集团各校共有 51 人次获“常州市教坛新秀”“常州市教学能手”“钟楼区学科带头人”“钟楼区骨干教师”称号；68 人次在各级课堂教学比赛、基本功大赛中获奖，其中新闸中心小学杨允老师获2019 年常州市青年教师基本功大赛一等奖，并代表常州市参加江苏省教师基本功大赛。

下面以常州市实验小学教育集团成员校邹区实验小学为例，通过一组数据说明集团课程的深入实施对成员校整体发展的催化效能。

表 7－3　常州市邹区实验小学 2016 年度、2019 年度发展数据比较

单位：人

类　别	2016 年	2019 年
学校各类荣誉	34	48
教师五级梯队晋升	1	15
课堂教学比赛获奖	9	19
论文发表获奖	39	62
教师综合荣誉	3	9
学生各类获奖	461	684
学生综合荣誉	45	30

常州市邹区实验小学于 2015 年因区域调整进入了钟楼区，2017 年加入常州市实验小学教育集团，成为其成员校。两年多来，学校在集团的带领下，进一步明确了办学的方向，系统梳理了办学的优势与存在的不足。学校历任管理者与核心校管理团队定期交流对话，学习核心校的课程建设思路，聆听课程改革的强音，了解“林—树”式课程背后的故事。在集团课程理念的指引下，学校进一步明

确了课程的育人目标，完善了“毓菁”课程的整体架构。

从以上数据可以看出，加入常州市实验小学教育集团的两年多来，在集团课程建设的引领下，学校在教师发展、学生发展等诸多方面有了较快的提升，文化环境焕然一新，师生的生活样貌蓬勃向上。2019 年，学校两大主动发展项目——“‘创学园’愿景下小学‘研创课堂’的实践建构”“‘创学园’：涵育‘奋进’少年的品格培塑工程”分别入选“常州市前瞻性教学改革实验项目”和“常州市中小学生品格提升工程项目”。在项目实施的过程中，学生的学习方式、教师的教学方式、课堂的实施样态都在悄然发生着变化。学校的校本特色课程“创意灯具”课程实施以来，成绩斐然，连续两年被评为“全国青少年人工智能活动特色单位”，“创意灯具”课程开发核心团队被评为钟楼区“创新团队”。

课程的实施给教师的专业成长注入了“推进剂”。两年多来，学校教师在教师五级梯队晋升、课堂教学评比、学科素养大赛中屡获佳绩。目前学校市、区级五级梯队人数达 62 人，占比为 51.6%，其中省特级教师 1 人，市特级教师后备人才 1 人；学校贺乐佳、储洁老师在钟楼区道德与法治基本功比赛和钟楼区语文教师素养大赛中表现优异，脱颖而出，分别获得区一等奖第一名和第三名的好成绩，并代表区域参加常州市级的比赛。

课程的实施也为学生的生命成长插上了翅膀。“创意灯具”课程实施以来，科创教育成了学校的一张特色名片。2017 年以来，学校有上千人次积极参加各级各类创客比赛，共计有 755 人次获国家、省、市、区各级比赛一、二、三等奖，并多次获团体一等奖，学生的创新能力得到了极大的提高，其中李茗羽和罗康瑞同学分别获得了江苏省少年科学院“十佳小院士”和常州市少年科学院“十佳小院士”称号；此外，学生在学科类比赛、艺术类比赛及研究性学习中也收获颇丰，其中情景剧《一生有光》获常州市青少年弘扬社会主义核心价值观情景剧比赛一等奖，研究性学习案例《凌家塘市场附近建造果蔬垃圾资源化处理站可行性的研究》在江苏省中小学法治教育实践活动优秀案例评选中获小学组一等奖。

集团课程的实施使邹区实验小学走上了高品质发展的道路，为后期学校创建常州市“新优质学校”奠定了坚实的基础。

总之，通过对集团课程的效能比析，可以看出其对集团化办学的影响。从实际情况看，集团课程既能充分发挥核心校优质课程的辐射作用，又能提升每所成员校的办学品质。同时，集团课程可以全面促进每所成员校间课程资源的融通，实现共享共用、共生共长。在此过程中，教师专业素养得到了发展，学生核心素养得到了提升，各校办学水平得到了提高。

附件 1：

常州市实验小学语文课程质量评价体系——习作(写话)篇

年级	一年级	二年级	三年级	四年级	五年级	六年级
阶段目标	1. 能主动选择阅读或生活中所学到的词语进行组词造句。 2. 能听写一两句话或简短的小故事。 3. 能看图或结合情境写几句话。 4. 能写自己想说的话,写想象中的事物。 5. 学习使用逗号、句号、问号和感叹号。	1. 能主动选择阅读或生活中学到的词语进行组词造句,进行连词成段的练习。 2. 能看懂课文中的插图,或者课外单幅、多幅图,并用一段通顺的话描述图意。 3. 仿写课文中的典型句式,改写、续编教材中的故事。 4. 开展丰富的活动,创设情境,让学生做做写写、玩玩写写。 5. 写自己想说的话,写身边熟悉的事物,如水果、小动物等。写出自己对周围事物的认识和感想。	1. 留心周围事物,能用日记的形式写下自己觉得新奇有趣的或印象最深、最受感动的内容。 2. 加强段式训练,能围绕中心写一段话。能用总分、分总、总分总、承接式等段式结构把中心意思表达清楚。 3. 愿意将自己的习作读给他人听,与他人分享习作的快乐。 4. 学习写留言条、请假条,能用简短的便条进行书面交际。 5. 通过连词成段、编童话等形式,尝试在习作中运用自己平时积累的语言材料,特别是有新鲜感的词句。	1. 留心周围事物,能不拘形式地写下见闻、感受和想象,将自己觉得新奇有趣的或印象最深、最受感动的内容具体表现出来,并发表自己的看法。 2. 能围绕一个中心,用承接式或并列式把中心表达清楚。 3. 学会书信格式,能用书信进行书面交际。 4. 学会合理使用象声词。 5. 学会编童话故事。 6. 学会修改习作中有明显错误的词句,能正确使用冒号、引号。	1. 留心观察周围的事物,有意识地丰富自己的见闻,珍视个人的独特感受,积累习作素材。 2. 能写内容具体、感情真实的记叙文和想象作文。 3. 能根据习作要求准确审题,选择合适的材料,并能围绕中心写作。 4. 学写读书笔记,每学期不少于 12 篇。学写常见应用文,如新闻报道和书信等。 5. 修改自己的习作,并主动与他人交换修改,做到语句通顺,行款正确,书写规范、整洁。能根据表达需要,使用常用的标点符号。	1. 留心观察周围的事物,有意识地丰富自己的见闻,珍视个人的独特感受,积累习作素材。 2. 能写内容具体、感情真实的记叙文和想象作文。 3. 能根据习作要求准确审题,选择合适的材料,并能围绕中心写作。 4. 主动修改自己的习作,并主动与他人交换修改,做到文通句顺,不写错别字,能正确使用常用的标点符号。 5. 初步形成欣赏、评价他人习作的能力。 6. 养成做读书笔记的习惯,每学期不少于 12 篇。

（续表）

年级	一年级	二年级	三年级	四年级	五年级	六年级
阶段目标	6. 每学期写话不少于10次。鼓励有兴趣的孩子写小文章。	6. 能根据表达的需要,正确使用逗号、句号、问号、感叹号。 7. 每学期写话不少于12次。鼓励有兴趣的孩子写小文章。	6. 根据表达的需要,学习使用冒号、引号。 7. 学习修改自己习作中有明显错误的词句。 8. 课内习作一年14次左右,练笔14次左右,每篇字数在300左右。	7. 能在习作中尝试运用自己积累的语言材料。 8. 课内习作一年14次左右,练笔14次左右,每篇字数在350左右。	6. 课内习作一年14次左右,练笔14次左右。40分钟能完成不少于400字的习作。	7. 课内习作一年14次左右,练笔14次左右。40分钟能完成不少于450字的习作。
评价	通过质量调研、期末考试对学生的写话能力进行评价。 以五角星、钻石等多种方式给予学生评价,激发写作兴趣。 利用"班级在线"平台实现学生佳作共享。 优秀习作推荐至刊物发表。		通过质量调研、期末考试对学生的写作能力进行评价。 利用板报、分享园、网络等平台实现学生佳作共享。 集体讲评与面批相结合,让学生初步学习自评。 优秀习作推荐至刊物发表。		通过质量调研、期末考试对学生的写作能力进行评价。 利用板报、分享园、网络等平台实现学生佳作共享。 集体讲评、个别面批、学生互评。 根据实际需要,采用评语和分数相结合的评价方式。 优秀习作推荐至刊物发表。	
备注	1. 规范习作本: 高年级A、B本;中年级大作文本、小作文本、草稿本(小作文本可兼草稿本);低年级写话本。 2. 规范批改: 教材习作或备课组统一习作必须精批细改,可采用眉批、总批、面批等形式。精批细改的作文必须有大多数学生进行二次甚至三次的修改。(小作文可略批) 3. 规范数量: 按《常州市实验小学语文学科常规——习作(写话篇)》及备课组统一要求的数量为底线进行训练,低年级写话最少8篇,中、高年级最少7篇大作文及5篇小作文,其他练笔自定。					

附件2：

五年级数学学科评价内容、目标要求及评价方式

领域	评价内容	目标要求			评价方式
		知识与技能	过程与方法	情感态度和价值观	
数与代数	数的认识	1. 进一步认识小数和分数，探索小数和分数、分数和除法之间的关系，并学会转化，会比较小数和分数的大小；认识真分数、假分数和带分数。 2. 在熟悉的生活情境中，了解负数的意义，会用负数表示一些日常生活中的现象。 3. 进一步体会数在日常生活中的作用，会运用数表示事物，并能进行交流。 4. 在1—100的自然数中，能找出两个自然数的公倍数和最小公倍数；能找出两个自然数的公因数和最大公因数。	1. 在操作中认识并探索小数和分数以及它们之间的关系，从直观到抽象比较它们的大小，发展数感。 2. 运用生活经验和调查了解负数的运用，理解负数的价值。 3. 通过调查一些编号的规律，理解生活中一些特殊数的意义。 4. 通过操作领会公倍数、公因数的含义。探索找两个数的最小公倍数、最大公因数的方法，并能发现一些规律。	1. 主动发现生活中更多数的存在现象，进一步提升数的应用意识和交流意识。 2. 体会数学与日常生活的密切相关，认识到许多实际问题可以借助数学方法来解决，并可以借助数学语言来表述和交流。 3. 能对自己发现的结果正确与否有一定把握，相信自己能不断进步。	·形成性评价 ·结果性评价
	数的运算	1. 熟练掌握简单的小数加、减、乘、除法的口算，用竖式进行较为简单的小数四则计算，用计算器进行较为复杂的小数	1. 结合联系说算理，分析错误加强对比，加强综合性的口算练习。		

（续表）

领域	评价内容	目标要求			评价方式
		知识与技能	过程与方法	情感态度和价值观	
数与代数	数的运算	四则计算，探索由小数点位置移动引起的小数大小变化的规律，求积或商的近似值。 2. 能熟练进行小数四则混合运算（不超过三步），整数加法、乘法的运算律推广到小数，用小数四则运算解决简单的实际问题。要求熟悉运算定律，有意识地简算。 3. 探索分数的基本性质，学习约分和通分；比较分数的大小，体验策略与方法的多样性；正确计算分数加减法。 4. 会用“一一列举”“倒推”的策略解决简单的实际问题。 5. 会解决有关小数、分数的简单实际问题。	2. 将估算和培养良好习惯相结合，主动对结果进行估测和检验。 3. 感受运算中的规律，将整数的运算法则迁移进小数和分数的计算中来，进一步发展数感。 4. 面对实际问题时，能主动尝试着从数学的角度运用所学知识和方法灵活地寻求解决问题的策略。	4. 在他人的鼓励和引导下，能积极克服数学活动中遇到的困难，有克服困难和运用知识解决问题的成功体验，对自己得到的结果正确与否有一定的把握，相信自己在学习中可以取得不断的进步。 5. 能坚持自己的方法和观点，养成良好的运算习惯和及时检验的习惯，努力形成适合自己的计算方法。	· 形成性评价 · 结果性评价
	式与方程	1. 会用方程表示情境中的等量关系。 2. 理解等式的性质，会用等式的性质解简单的方程。	1. 在图像和文字表述中建立等量思想，实现算术思维向代数思维方式发展的飞跃。 2. 利用等式的性质解方程，养成主动检验的习惯。		

（续表）

领域	评价内容	目标要求			评价方式
		知识与技能	过程与方法	情感态度和价值观	
数与代数	探索规律	1. 了解简单周期现象中的规律。基本掌握数量关系，熟练地用除法计算(数量÷周期)。 2. 了解图形沿一个方向平移后覆盖次数的规律；基本掌握数量关系，能熟练列式计算(数的个数+每次框出个数-1)。	1. 通过观察、操作、举例验证，学会从常量的世界中走入变量的世界，能尝试用数的方法描述和表示变化着的现实世界。 2. 在老师的指导下进行规律的探究。	1. 通过观察、操作、类比、推断等数学活动，体验数学问题的趣味性和挑战性。 2. 有质疑的精神，愿意对数学问题进行讨论，知错能改。	· 过程性评价 · 操作检验
空间与几何	图形的认识	1. 通过观察操作，认识圆，会用圆规画圆。 2. 能认识多边形，会用割补法分解多边形。	1. 多用动手操作和变式，由表及里，体会圆的特征。 2. 熟练基本图形的概念，能比较巧妙地分割多边形，寻找解决问题的简便方法。	1. 通过观察、操作、类比、推断等数学活动，体验数学问题的趣味性和挑战性。 2. 了解数学史，激发民族自豪感，树立学好数学的信心。 3. 与他人合作，尝试对知识的整理和结构的建立，主动开展自我学习评价，总结自己在学习过程中的表现与收获，促进不断进步。	· 形成性评价 · 结果性评价 · 过程评价 · 实际操作
	测量	1. 知道公顷和平方千米的含义，公顷、平方千米、平方米之间的进率，会进行简单的换算。 2. 动手实践，理解圆周率的意义，探索并掌握圆的周长和面积计算公式。	1. 通过观察、比较、推想，借助可以感受的实例建立较大面积单位的空间感，将简单的单位换算与直观图像结合起来。		· 过程性评价 · 操作检验 · 技能考核 · 对知识结构进行整理，开展自我评价

（续表）

领域	评价内容	目标要求			评价方式
		知识与技能	过程与方法	情感态度和价值观	
空间与几何	测量	3. 利用方格纸或割补等方法，探索并掌握三角形、平行四边形和梯形的面积公式，能用方格纸估计不规则图形的面积。	2. 通过化曲为直、等积变形的方法和手段，掌握圆周长和面积的计算，进一步发展转化的策略和推理能力。 3. 动手实践，运用转化的思想探索并验证多边形面积的计算方法；组织推理，建立数学模型；并能综合运用所学知识。	4. 体验确定位置的重要性，在尝试解决相关问题的过程中获得成功体验，增强将数学运用于生活的能力。	・过程性评价 ・实际操作 ・能制作简单的路线图
	图形与位置	在具体情境中，能用数对来表示位置，并能在方格纸上用数对确定位置。	从凭经验描述位置上升到用数学方法确定位置，加强方向感，获得自然数能表示次序的体验，发展数学思考能力，发展空间观念。		
统计与概率	简单的数据统计过程	1. 根据实际需要分段整理数据，会用复式统计表整理和表达数据信息。 2. 会根据实际情况，用复式条形统计图、复式折线统计图整理和表达数据信息。 3. 能设计统计活动，能对统计图表里的信息进行简单的分析比较和判断推测，并能进行交流。	1. 初步学会根据实际问题，选择条形统计图或折线统计图直观地表示相应的数据，并能对统计图进行简单的分析。 2. 能多角度分析统计图表，提高使用统计图表的能力。 3. 根据统计的结果，能对数据进行必要的分析，能对未来趋势进行预测。	对周围环境中的事物变换情况能有目的地观察，并主动运用统计思想进行分析和预测，提升数学运用能力。	・过程性评价 ・开展一些专题性数据收集的活动 ・实践报告

（续表）

领域	评价内容	目标要求			评价方式
		知识与技能	过程与方法	情感态度和价值观	
实践与综合运用	实践活动	1. 面积是多少； 2. 校园的绿化面积； 3. 了解周围的家庭； 4. 数字与信息； 5. 球的反弹高度； 6. 奇妙的图形密铺； 7. 画出美丽的图案。	1. 会运用平移的方法把一些稍复杂的图形转化成简单的、熟悉的图形，并计算面积。 2. 会通过割补等方法把稍复杂的图形转化成长方形、梯形等已经认识的图形，并运用公式计算面积。 3. 丰富学习应用数学知识的方法，培养估计、测量能力，发展学生的想象力和创新精神。 4. 让学生体会数在日常生活中的作用，并会运用数表示事物，进行交流。 5. 结合分数的学习，让学生通过实验记录数据、研究球的反弹高度大约是下落高度的几分之几，不同球的反弹高度是否相同。 6. 让学生经历观察、操作、欣赏与设计的活动，初步认识图形能否密铺、怎样密铺。 7. 结合圆的认识，让学生用圆规画出美丽的图案。	1. 经历观察、操作、实验、调查、推理等实践活动，在合作与交流的过程中，获得良好的情感体验。 2. 实事求是地反思自己在学习过程中的表现和学习的收获，对自己的学习作出主动、客观、有意义的评价，从而促进发展。 3. 能富有个性地完成设计图案的任务，感受数学美和数学方法的价值。	· 过程性评价 · 课堂观察 · 操作实践 · 同伴互评

第八章 结论与思考

常州市集团化办学经历了十多年的实践探索，取得了显著的成效，在课程建设、队伍共建、资源共享、评价创新等方面积累了行之有效的集团化办学管理经验和实施策略。在核心校的带领下，每年都有几十个成员校成功争创为常州市“新优质学校”，全市各区各集团校在实践研究的基础上不断扩大集团精品课程的影响力，主动彰显其育人价值，在省内外拥有了一定知名度。集团化办学让区域优质教育资源均衡逐渐得以实现，家门口的优质学校惠及广大老百姓，满足了群众对优质教育的需求。当然，集团化办学是一项复杂、艰辛的教育工程，在实践的过程中难免会存在一些问题，特别是集团课程推进的过程中还存在一些制约的因素，这就需要教育行政部门、各教育集团乃至全社会的共同关注和群策群力。

第一节　收获与成效

集团化办学的课程建设是集团化办学的重要支柱，它不仅仅是集团化办学课程改革的重要内容，也是集团化办学课程、体制机制等诸多方面改革发展的重要途径。集团化办学背景下的课程建设能提升学校的课程规划、开发和实施的能力，促进学校的特色化建设、教师的专业化发展、教学的创新性变革等。集团化办学背景下的学校课程建设更能凸显课程目标的整体性、课程实施的协作性、课程管理的规范性、课程成果的共享性等特征，在促进课程资源的整合、优化与共享，推动集团课程建设的均衡发展，实现教育质量的整体性提升等方面具有重要意义。

一、教育公平进一步体现，扩大了区域优质资源覆盖率

随着社会经济文化的发展和民众受教育水平的提高，人们的需求也在不断提升，不再满足于“受教育的权利”，而开始追求“享受优质教育的权利”。尽管常州市教育行政部门已经逐步解决了“择校”问题，但仍然无法满足老百姓的需求，所以，优质教育资源辐射就成了解决问题的重要路径。习近平总书记在全国教育大会上就提出了教育公平的问题，要求“加快建成平等面向每个人的教育，努力使每个人不分性别、不分城乡、不分地域、不分贫富、不分民族都能接受良好教育”，而集团化办学就是突破难点的重要途径。自 2011 年起，常州市委、市政府相继出台相关文件，协调教育、财政、人社等相关部门，积极探索采用县管校聘、员额制、购买服务等形式，统筹区域内教师编制使用，赋予集团更多的办学自主权和内部管理权，构建更加开放、科学的现代学校制度，为集团化办学提供了有力的支撑。在政府的大力支持下，各教育集团放开手脚，大胆进行集团化办学背景下课程建设的实践探索和研究，核心校输出成熟的课程实施方案，各成员校结合实际选择性吸纳，有效推进了集团各成员校的课程建设，实现了课程共创、资源共享，让更多的孩子能够享受到优质的课程资源。常州市的集团化办学探索之路坚实有效，自 2007 年启动以来，经过十多年的实践，可谓硕果累累。目前，全市共有集团化办学核心校 135 所，成员校 475 所。其中，幼儿园核心园 45 所、成员园 217 所，学前教育集团化办学覆盖率为 76.4%；小学核心校 48 所、成员校 159 所，初中核心校 28 所、成员校 76 所，九年一贯制学校核心校 6 所、成员校 14 所，义务教育集团化办学覆盖率为 93.8%；高中阶段核心校 8 所（含 3 所完中）、成员校 9 所（含 3 所完中），集团化办学覆盖率为 51.5%，惠及常州市各个辖市区，办学模式也呈现出多样化，集团化办学总体彰显出良好的发展态势。

二、区域教育质量整体提升，产生了明显的社会效应

通过集团化办学策略，扩大优质教育资源辐射，促进区域教育质量

的整体提升，这是我们希望实现的。在常州市十多年的集团化办学历程中，每一个教育集团都在积极探索实践，方式丰富多元，研究成效显著。

（一）形成多种办学模式

在常州，不同区域、不同学校结合自身实际，在实践探索的过程中，逐步形成了一系列相对成熟、富有成效的集团化办学模式。从集团化办学的内部关系来看，有一体管理式、项目合作式、联盟发展式等；从学校的不同类型和本身的特点来看，有老新结合托举式、强弱结合带动式、城乡结对合作式等。在集团化办学的课程建设方面，更是探索出了一些有效的策略。比如，常州市实验小学教育集团中一体化管理的平冈校区在第一阶段主要采用“共享”的模式，依托核心校的“林—树”式课程建设体系，在本校区进行“移植式”的落实，让原本在课程建设方面比较薄弱的平冈校区能够迅速找到依托，并进行系统、科学的实施，取得了非常显著的成效。进入第二阶段后，平冈校区不断提升自身的创造能力，开始从“接受者”成为“共创者”，创新实施集团要求，课程建设稳步推进，教师课程建设能力得到有效提升，教学质量明显提高，真正成为老百姓家门口的“优质学校”。而钟楼实验小学、新闸中心小学、邹区实验小学等成员校则通过“风媒式”来进行学校课程建设，主要运用核心校的课程管理思想和方法来寻求校本化的实践经验。在教育集团的带动下，各成员校立足自身的课程文化建设，不断改革创新，勇于实践，在办学品质提升、课程建设、师生发展方面成效显著。

（二）推动成员校提速发展

集团化办学背景下的学校课程建设在一定程度上促进了各成员校课程建设水平和能力的提升，一批新建校、相对薄弱的学校在政策带动下迅速成长起来。各教育集团核心校（领衔校）架构学校课程框架体系，各成员校充分借鉴，结合自身课程建设情况，在原有课程框架与结构体系基础上，优化设置，构建课程体系新框架，形成了既有核心校课程思想又有自身特点的课程体系，使学校课程呈现出良好的生长态势。比如常州市实验初级中学教育集团成员校站在“致力建设一所‘高生长性’

的学校”的视角，充分借鉴核心校“雁翔”课程体系框架，结合分校“水文化”内涵，将课程划分为“水之源”必修课程、“水之澜”和“水之韵”选修课程、“水之润”活动课程三大类，激发了办学活力。常州市局前街小学教育集团核心校和成员校共同合作推进“儿童成长节律”课程改革，依托中国传统的二十四节气，形成融生命、艺术、科学、社会为一体的综合学习活动主题，其中部分课程内容是由华润小学独立完成，最后和集团课程部进行资源共享，使集团各成员校的学生收获了不一样的成长体验。

（三）实现效益最大化

常州市集团化办学取得了良好的效益。近几年，有多个教育集团被评为“常州市教育集团先进集体”，多名老师被评为“常州市集团化办学先进个人”，这样的一批单位和个人在集团化办学的进程中起到了积极的推动和引领作用，很多集团的课程建设取得了突出的成效。

1. 促进了集团内学校课程文化的融合

每一个教育集团都高度重视课程建设，核心校引领、成员校跟进，彼此尊重、同中有异。集团核心校与成员校基于各自学校文化建设，结合各校三年主动发展规划，确立课程建设发展的总体目标、基本途径和主要措施，在集团内部设计研发了比较完善的学校课程体系，并组建了课程建设共同体等，加大了课程开发的力度，提高了课程研发的品质。如常州市实验小学教育集团在制订集团三年发展规划时，突出课程建设核心思想，以核心校的“林—树”式课程的规划实施为重点，以课堂教学改革的推进、创新师生评价的思考、分享教育育人模式的建构等促进集团全面发展。在集团总规划的基础上，各成员校认真制订本校每学年的工作计划，大大提高了规划目标的达成度。

2. 促进了集团内课程资源的整合、优化与共享

集团化办学背景下的学校课程建设能够在一定程度上实现教育集团内的基础设施、教学设备、师资力量等资源的整合、优化和共享。核心校和成员校充分发挥人力资源、课程研究等方面的资源优势，减少资源浪费，提高课程资源的利用率。核心校的优秀课程资源作为学校课程建设的支撑核心，能在帮助成员校的过程中，通过教育集团组织形式的运作实现最大限度的资源共享。

3. 实现了集团课程建设的均衡发展

核心校的办学思想、教育理念、课程研究成果、优秀师资，甚至办学声誉等教育资源可以影响成员校，让管理进一步规范，策略进一步丰富。在共同愿景的驱动下，成员校主动学习集团的学校课程建设模式，逐步认同并接受它，并以更加积极的心态投入集团的课程建设中，享受课程建设的成果，分享课程建设的愉悦。

三、实践经验进一步积累，优化集团化办学运行策略

（一）实现了目标顶层设计突破

2018 年 6 月，常州市政府在省内率先出台了《关于进一步推进教育集团化办学的实施意见》，明确总体要求，落实重点任务，强化组织保障，通过编制、经费、绩效等方面的机制改革，进一步完善集团化办学保障机制。同时实现理论研究内涵突破，通过行政遴选，确定了“集团化办学的组织领导变革”等 6 个全市集团化办学重大项目和 1 个“区域推进集团化办学的理论与实践研究”重要课题，深入做好集团化办学理论与实践研究。常州市将坚定不移下好教育优先发展的“先手棋”，坚持“因地制宜、分类指导，量质并举、以质为本”，进一步推进集团化办学，不断满足人民群众日益增长的优质教育需求，实现“让更多人接受更好教育”的目标。

（二）形成了系统的管理结构

当若干个学校组成教育集团时，对每所学校的影响不仅仅体现在规模的扩大，更重要的是集团内部的管理结构和运行机制发生了重要的变化。经过多年的实践，常州市形成了相对稳定的管理结构。

1. “帮带式”

这种管理组织结构适合运用在集团化办学初期，可以形成“以老带新”的管理格局，主要是“输出”课程文化、课程体系等，核心校的管

理者带动成员校的管理者，这样的“帮带”管理配置为成员校的发展积蓄了一定的力量。

2.“线性式”

这种管理组织结构适合运用在当集团化办学推进到一定程度时。这时，核心校和成员校之间管理更加密切，也需要进一步深入管理，它可以打通校区之间的界限，充分发挥成员校课程建设领导者的能动性，核心校课程建设的管理者可以同时管理多个校区，既确保管理的一致性和专业性，也能充分发挥各成员校课程建设的自主性，培养成员校课程建设的能力。

3.“融合式”

当集团发展到一定程度，积累了一定的管理经验，成员校有了一定的自主管理能力时，就应该考虑完善集团管理制度，建立现代教育集团的管理组织制度。这时候推动集团发展就不是仅仅依靠个人领导，而是要更好地发挥管理制度的作用，让管理更加规范、科学，逐步形成集团的管理文化，这才是集团能够走得更远的重要保证。

（三）形成了有效的实践策略

集团化办学的学校课程建设的核心是“和而不同”，所以不管是课程研发还是课程实施都需要各成员校在和而不同中创新。各成员校首先要严格执行国家要求，高质量实施国家课程，为每个学生提供全面丰富的学习经历。而在国家课程校本化实施的过程中，则需要通过各类管理机制和保障平台来加速课程建设。在校本课程特色培育上，更需要每一个成员校在核心校课程建设思想的引领下根据自身实际校情创新实践，发展具有自身特质的有生命力的学校课程。

1. 共享资源

集团化办学的基本出发点是实现集团学校内部在理念、资金、人力、信息等方面的资源共享，这是集团化办学产生整体效应的保障，是集团化办学初始阶段发展的重要基础。在课程建设过程中，核心校要把成熟、优质的课程资源提供给成员校，如果成员校缺乏一定的课程建设的能力和水平，则可以有效利用一切课程资源，包括优秀的课程项目、教学设计、实施手册等，开展集团内教研组联合教研活动，加强资源使用的有效性，促进优质教育资源的配置和充分利用，从而促进教育集团整体办学水平的提高。

2. 合作研发

尽管核心校有统一的课程建设的顶层设计，甚至有具体的实施内容和方案，但“拿来主义”终究无法提升成员校的课程创造能力，“依葫芦画瓢”不是集团化办学的本意和初衷，帮助成员校成长才是核心要义。因此，合作研发应该成为集团化办学课程建设的重要手段。教育集团各成员校可以就共同的课程主题进行合作研讨，相互借鉴、智慧共享，课程实施方案确定之后，各成员校再根据各校学生实际情况适度调整。这样的合作研发才能真正实现集团化办学的“共赢”。

3. 差异发展

在集团化办学的实践过程中，关注办学特色、打造文化品牌一直是常州市各教育集团共同的工作重点。常州市教育局局长杭永宝说，集团化办学不是母体基因的简单移植，而是要尊重各校发展的历史传统和办学实际，通过文化共生、相互赋能，以开放的心态促进集团成员校共同发展。这其实就是提醒每一个教育集团，在进行课程建设的时候要关注差异性和个性，各教育集团的成员校要从自身的特色发展出发，独立构建具有本校特色的学校课程，实现优质课程资源的创生。如“上善”是武进区实验小学长期秉持的教育思想，但集团没有让成员校简单地复制，而是在运用态势分析法，全面系统地了解各校在课程管理、实施等方面的发展态势的基础上，鼓励各校有选择地吸纳，赋予每一所成员校无限的可能。

总的来说，常州市集团化办学实现了从外延到内涵的递进式发展、品质化提升，为老百姓提供了丰富的优质的课程资源，满足了人民群众对优质教育的需求，也逐步解决了集团间和集团内发展不均衡、不协调等突出的问题。

第二节　推进与展望

在全国教育大会上，习近平总书记发表重要讲话，着眼我国教育事业的长远发展，指出要大力推进教育体制改革创新，更加注重教育改革的系统性、整体性、协同性，及时研究解决教育改革发展的重大问题和群众关心的热点问题，以改革激活力、增动力。这就要坚持我国教育现代化的社会主义方向，坚持教育公益性原则，把教育公平作为国家基本教育政策。教育公平是社会公平的重要基础，必须坚持以人民为中心发展教育，努力让每个人享有受教育的机会，获得发展自身、奉献社会、造福人民的能力。集团化办学是破解当前教育发展不平衡、不充分问题的重要举措，尽管还存在着一些问题，但今后一个阶段，各集团依然要深化改革创新，做好重点工作，尤其是要做好集团课程建设创新，要不断提升集团化办学品质，促进集团化办学优质发展。

一、集团课程建设存在的问题及原因

在常州市集团化办学的过程中，集团课程建设总体发挥出了积极有效的促进作用，让一部分学校依托集团课程建设获得了成长和发展，缓解了因为优质教育资源不均衡导致的“择校热”，产生了积极的社会影响，但是在实践的过程中还是存在着一些问题。

（一）百姓需求和现实情况的关系

老百姓需要教育公平，希望自己的孩子能够享受到优质的教育资源，但事实上优质的教育资源是有限的，集团化办学背景下的课程建设也存在很大困难，比如集团成员校地理位置的偏远，不利于集团课程的推进；成员校之间的课程建设和实施能力存在着差异，影响了集团课程的推进；不同学校的生源情况不一样，家长对于孩子课程学习的要求和评价不一样等。只有解决了这些问题，集团课程建设才可能真正得到老百姓的认可。

（二）继承与创新的关系

集团化办学背景下的学校课程建设很多时候是输出核心校相对成熟的课程育人理念、课程教育主张、课程管理机制等，“一体化”性质的教育集团中更是如此。虽然我们的确看到了成员校快速地成长和发展，但是随着学校发展的进程，我们也在担忧，长此以往，是不是会在无形中强化核心校的课程文化，而弱化了成员校原有的课程文化。我们知道，很多成员校原本就有自己实践多年的课程文化，而且也有自身的特定因素，比如生源结构、校园周边的课程资源等，如果因为要推进集团课程就忽略了原有优秀的课程文化，甚至让这些优秀的课程文化彻底消失了，造成课程文化的单一，那就显然违背了集团课程建设的初衷。

（三）一体化与个性化的关系

集团化办学背景下的课程建设，在一定程度上依托了核心校相对成熟的课程建设资源，在课程纲要制定、实施策略、课程评价等方面，都有了现成的参照经验，成员校在课程实施的过程中可以少走一些弯路。但是如果成员校一味地依赖核心校现有的课程资源，就会造成过分趋同的弊端，慢慢地就会出现同质化，甚至完全照搬。造成这种现状的原因主要有两个：一是在集团课程建设管理的过程中，成员校全盘接收核心校课程建设资源相对来说比较容易操作，也容易出成果；二是成员校利用核心校相对完善的课程建设经验比较轻松和方便，是一条捷径。但这显然不是集团化办学的初衷。因此，如何既做好一体化背景下的课程资源共享，发挥课程资源最大效益，又保护好成员校原有的课程建设成果，不至于让学校的特色课程被湮没，是必须思考和解决的问题。集团课程建设推进的“度”如何把握好，这是每一个教育集团在推进集团课程建设的过程中需要研究和探索的。在核心校的指导下，激发课程开发热情，提升课程建设能力和水平，最终形成适合自己学校文化的课程体系，这是非常重要的。

（四）数量扩张与质量发展的关系

随着集团化办学取得良好的社会效益，名校引领成员校的集团化办学模式越来越受到大家的关注和认可，于是，一所名校所带领的成员校也越来越多，这是好事，但同样也带来了一些问题，如集团化办学发展速度较快，但是集团课程建设评价机制和社会监督机制还不够完善或者没有及时跟上，会影响集团课程后续建设的质量；核心校优秀教师的数量毕竟有限，如果成员校过多，造成师资过于分散，又没有形成良好的集团内教师合理流动机制，优质资源可能被“稀释”；等等。因而集团需要进一步探索更加合理、科学的运行机制，更好地带动基础教育整体发展和水平提升。

二、集团课程建设的思路和建议

集团化办学是一个系统工程，涉及范围广、影响面大，需要政府、教育行政部门、各教育集团和全社会的共同关注和关心，特别是就目前推进过程中还存在的一些问题和困惑，包括集团课程建设中要研究和拓展的方向、思路、策略，都需要我们进一步理性思考、科学决策，找到良策，进一步推动集团化办学向前发展。

（一）加强组织领导

市、区两级要建立推进集团化办学工作领导小组，进一步将集团化办学纳入政府民生工程和政府部门考核内容。各地制定推进集团化办学实施方案，明确目标任务、主要举措，由教育部门牵头，协调人社、财政等相关部门及各街镇协同推进集团化办学。各区教育局成立的推进集团化办学工作领导小组要进一步全面统筹、确定集团化办学核心校和成员校，要进一步建立由教师发展中心、教育局各职能科室、督导室等相关部门参与的专业支持制度，充分发挥职能部门的自身优势，指导和服务集团化办学各项工作。教育集团、教育联盟内部要建立理事会管理模式，制订理事会章程，遵照章程，决策或协调重大事项，既要促进整体优化、均衡发展，又要形成各自鲜明的办学特色。同时，要在保障办学质量的前提下，逐步推进，适当控制成员校的数量，不能盲目扩大规模。

（二）优化管理机制

教育集团在一定程度上超出了现有的教育行政管理体系，因此在管理模式上需要我们不断地研究和探索，更需要我们根据实际情况进行审慎的思考和行动，集团化办学模式的课程建设更需要科学、规范的运行机制。当然，不同的运行模式可以有不同的运行机制，但是其核心和本质是相同的。

1. 加强顶层设计，形成科学的组织构架

集团化办学的实质是对学校组织形态的创新和制度的创新，当一个教育集团成立后，如何进行课程的实施和推进是需要重点考虑的，而组织构架就显得尤为重要。因此，每一个教育集团在学校课程的顶层设计、实践推动、效能评价等各方面都应该有明确的职能部门和工作要求，形成一个完整的课程建设体系，这样才能确保集团课程和学校课程能够有效落实。

2. 探索运行机制，形成规范的管理制度

（1）科学制定发展规划。集团化办学最重要的一点是实现成员校对于集团文化、办学愿景的认同，形成集团内所有成员的共识，所以，根据集团发展实际，以共同愿景为目标，以制度体系为框架，以学校文化为纽带，科学制订集团的发展规划，并围绕集团管理制度与运行机制、教育教学与资源配置、教师成长和学生发展，制订好集团的长远规划和年度工作计划非常重要，这是推动集团发展、确保优质教育资源均衡的重要基础。

（2）完善集团办学制度。制度是管理者的依据，对于一个集团来说，制度显得尤为重要，优质教育资源的扩张和输出有赖于高质量的教育，而制定教育集团管理标准和制度则是形成高质量的教育的重要保障，更是集团发展的重要一步。集团办学章程、各流程管理制度等的科学制定，良好激励机制的建立，能使集团管理更加专业化。集团成员校要共同参与、研讨，制定相对统一的课程质量标准和评价方式，集团核心校对成员校的教育教学质量要进行有组织、有计划的督导和评价，以便进行后续的调整。

（三）深化课程建设

集团化办学是推进基础教育均衡发展的重大举措，从某种意义上说，它是教育资源优化配置的过程，这个资源是广义的，其中教师资源是核心，学校的课程资源是重中之重。如何落实立德树人根本任务，建设优质集团课程和特色学校课程，共建共享优质课程资源，为学生提供更丰富、更具价值的学习内容是集团化办学课程建设的重要研究课题。

1. 进一步达成集团化办学课程建设的共识

集团课程建设不是核心校一所学校的事情，需要每一所成员校共同参与，但因为成员校原有课程文化的影响，大部分学校还无法做到课程建设的融会贯通，导致集团课程推进不够深入和有效。集团化办学的特质是核心校对成员校的办学理念与学校管理模式等具有一定的影响力，但并不具有决策权，当然也不需要决策权，因此各成员校要达成“教育理念共享、学校管理共商、教育教学共研、办学经验共享”的共识。在课程均衡发展方面，集团核心校要遵循平等、尊重、服务、共享的集团发展理念，努力做大做强优质教育品牌，在课程均衡发展上寻求新的突破。同时，成员校要在集团课程的引领下强化原有课程的建设，使得集团课程和学校课程有效融合，更好地发挥课程育人的作用。

2. 进一步丰富集团化办学课程建设的路径

因为空间位置等因素的影响，成员校之间课程建设交流的方式相对单一，很多时候可能呈现出“传递”的特点，而缺乏深入的研讨。因此，集团化办学的课程建设需要进一步推进“互联网＋”教育发展，促进集团内师生共同在线上课、教研或交流，有针对性地指导学生学习，改进教育教学管理。也可以借助基础教育课程项目的建设，形成“校校有教学改革项目，人人参与教学研究”的新局面。

3. 进一步加强集团化办学课程实施策略的研究

为了让所有学生获得较好的学业发展水平，能够达到课标所规定的标准，集团要建立完善、科学的学科课程质量评价反馈体系，科学分析学生的学业发展水平。在高质量实施国家课程的过程中，各校要确定学科课程的建设目标，厘定学科课程的年段内容，改进学科课程的实施方式，尝试进行学习分析性评价。同时，在确定相应的课时总量时留有“余地”，便于拓展或统整。要不断研究并变革学习方式，让学生在学习活动中获得学习能力的发展，最终使得集团课程有鲜明的育人目标、清晰的课程目标、科学的课程架构、完善的课程内容、丰富的课程实施样式、多元的课程评价方案。

（四）强化课程评价

1. 完善评估督导体系

建立集团化办学绩效评估机制，定期对集团化办学情况进行评估，重点对集团化办学的规划制订、实施过程及办学效果进行评估，既要关注集团的整体发展，也要关注集团、联盟内每一个成员的发展。根据既定的标准实行考核，借完善的评估体系来保障集团化办学的有效实施。市教育督导部门要将集团化办学工作纳入督导内容，督导结果作为督政、督教的重要依据，作为评选优秀集团和先进个人的依据。制定相应的集团化办学考核指标，综合评价集团办学成效，全面评估每所学校发展情况。

2. 加强课程评价研究

集团化办学背景下的课程建设需要有相对完善的评价体系，这方面的研究还需要进一步强化。要探索集团化办学学校课程实施质量标准化评价，尝试运用学习分析系统，为学生的学习把脉，研判集团化办学课程建设对学生的积极影响。引入第三方学校发展性评价机制，通过第三方机构参与集团化办学评估，建立健全社区和家长参与集团化办学的评价机制，对集团化办学课程建设的效能进行综合评估，同时采用多主体参与的课程需求评价分析，让课程真正服务于每一个学生。

（五）营造社会良好氛围

集团化办学首要任务是让教育行政部门、学校管理者、老师、学生、家长、社区工作人员等形成对集团化办学的正确认知，要引导和动员全社会重视、关心、支持基础教育改革和发展，形成广大家长和全社会理解、支持教育集团化办学的良好社会环境。教育行政部门要定期组织集团管理者学习培训，组织召开教育集团化办学的研讨会、现场会和推进会，总结提炼出集团化办学的经验，宣传推广集团化办学成果，让更多的人产生对集团化办学的认同感。要充分发挥新闻媒体作用，加大宣传力度，抓住典型示范，以点带面，营造支持教育改革和发展的良好环境，促进区域教育特色品牌建设，推动城乡义务教育集团化办学不断向纵深发展，推动常州教育向着更好质量、更高水平、更具活力的方向发展。

集团化办学管理模式作为一种新的探索和尝试，需要我们稳步推进，需要所有教育人具有强烈的社会责任感和教育使命感，需要我们有积极探索的勇气和毅力，只要我们坚持“发展公平而有质量的教育”的核心理念，坚守让更多的孩子享受到优质教育的目标，创新举措，完善机制，优化策略，积累经验，一定能进一步实现区域优质教育资源的创造和共享，更好地推动整个区域教育质量的全面提升。

后　记

2018 年 10 月 16 日，在常州市集团化办学现场推进会上，上级部门对常州市集团化办学的 22 个先进集体进行了表彰，常州市实验小学教育集团也榜上有名，这份荣誉是对常州市实验小学教育集团在前期推进集团化办学中所作努力的肯定，也激励着大家将集团化办学继续做实做强。同时，常州市实验小学教育集团还加入了“区域推进集团化办学的理论与实践研究”课题的研究，并承担了全市集团化办学重大项目之一“集团化办学的学校课程建设的实践研究”。

同年 11 月 1 日，常州市集团化办学重点项目暨重大课题论证会在常州市实验小学教育集团平冈校区举行，南京大学教育研究院副院长吕林海，上海市教育科学研究院普通教育研究所副所长李伟涛，常州市教育科学研究院副院长鲁兴树，钟楼区教育文体局党委书记、局长杨文娟，武进清英外国语学校校长奚亚英等专家对 6 个集团化办学重点项目和 1 项集团化办学重大课题进行了论证。常州市集团化办学重点项目暨重大课题论证会的召开，是常州市进一步深入推进集团化办学的重要节点，会上形成了不断融合集团化办学理论与实践研究，推动区域教育资源共建共长，不断满足人民群众日益增长的优质教育需求，达成了“让每个学生都能享受公平而优质的教育”的共识。此后，常州市各教育集团围绕专家、领导们提出的课题实施建议，在集团化办学工作的推进中边研究边总结，形成了不少集团化办学学校课程建设的经验和策略，并在更广泛的领域进行推广。

本书的整体思路是在常州市教育科学研究院王俊博士的指导下完成的，特别感谢常州工学院师范学院的潘金林教授在百忙中对本书的撰写给予了多次指导。集团成员校中的多位骨干教师参与了本书的编写：第一章由张祖润执笔，第二章由杨娟玉、刘妍慧执笔，第三章由陆星梅、耿银辉执笔，第四章由朱科锋执笔，第五章由包丽娟、张彦执笔，第六章由吕娇、张敏娟、叶春燕、任淑亚执笔，第七章由王学进、周华、陈美华执笔，第八章由杨娟玉执笔。全书由杨娟玉、张祖润、刘妍慧统稿和修改。在本书即将付梓之际，谨对他们所付出的辛勤劳动和智慧实践表示诚挚的谢意。

此外，还要感谢常州市多个教育集团提供了课程建设方面的案例，以便于我们更好地总结集团化办学课程建设的经验和做法。

杨娟玉

2020 年 10 月

图书在版编目(CIP)数据

集团化办学的课程建设 / 杨娟玉等著. — 南京：江苏凤凰教育出版社，2020.11

(集团化办学的研究与实践丛书/杭永宝,常仁飞主编)

ISBN 978－7－5499－8987－4

Ⅰ.①集… Ⅱ.①杨… Ⅲ.①办学组织形式—关系—课程建设—研究—常州 Ⅳ.①G423

中国版本图书馆 CIP 数据核字(2020)第 205763 号

书　　名	**集团化办学的课程建设**
作　　者	杨娟玉　张祖润　刘妍慧等
责任编辑	刘晓梅
出版发行	江苏凤凰教育出版社(南京市湖南路 1 号 A 楼　邮编 210009)
苏教网址	http://www.1088.com.cn
照　　排	江苏凤凰制版有限公司
印　　刷	江苏凤凰通达印刷有限公司(电话 025－57572508)
厂　　址	南京市六合区冶山镇牡丹村 6 号(邮编 211523)
开　　本	787 毫米×1 092 毫米　1/16
印　　张	14
版　　次	2020 年 11 月第 1 版
印　　次	2020 年 11 月第 1 次印刷
书　　号	ISBN　978－7－5499－8987－4
定　　价	38.00 元
网店地址	http://jsfhjycbs.tmall.com
公 众 号	江苏凤凰教育出版社(微信号:jsfhjy)
邮购电话	025－83658642,025－83658690
盗版举报	025－83658579